斷尾的壁虎

來台陸生的
生命記事

孫
碧
佳 ——————著

我緩步走出村子，在河的那一側滿懷思念地遙望黃色的城堡——隨後騎馬離去。每過十分鐘我就停下來回首仰望。這一帶變得那樣的生氣勃勃，我真想把它畫在腦海裡。

——Dilthcy（引自胡其鼎，2003，頁231）

謹以此書獻給我台灣的家，
以及與我同在的6253位陸生。

序一

　　「您給我3分鐘，讓我來告訴您，我為何要找您指導論文的
　　理由。」

　　這是孫碧佳來到我研究室，坐在我身旁的那個會談桌旁，邀請
我指導她的論文時說的話。在這之前，她已經修了我一堂多元文化
教育研究課堂，正在修習性別教育研究。

　　身為北京師範大學教育系的畢業生，也是臺南大學開放「陸
生」來台就讀第一位中國籍學位研究生，碧佳承載了各方的關注：
不僅學校大發新聞稿，說我們收到了一位優質的陸生研究生；她在
課堂中的表現也相當精采，可圈可點。碧佳在課堂上的認真，我
想，和她一起上過課的研究生應該都印象深刻。她的思路邏輯清
楚，上課發言言之有物，及對人事物的觀察敏銳度，在在都讓我驚
艷。我曾私心想著，這樣一個優秀的學生要是能夠讓我指導該有多
好？但當時，我是教育經營與管理所的老師，只是客座支援課程與
教學所，根本不敢奢望她能跨所找我指導論文。所以當她找上門，
那句給我3分鐘的強勢請求，讓我成了她的論文指導教授，心甘情

願的收了這個一直不斷給予我驚喜的學生。

　　在台灣的兩年間，碧佳很努力的去認識台灣這塊土地及文化。騎著單車環島，結交了一些NGO的朋友，讓我覺得她比台生還像「台生」。中台之間，儘管號稱同文同種，但我們的文化、政治、經濟、消費文化、還有對文字語言的表達其實還是有著很多的不同。我們在接下來的確定論文主軸花了不少時間；從國際學生跨文化議題到留學生的生活適應……腦力激盪，到確立以「陸生來台」的現象學詮釋來進行，已經是一個學期過去了。我想很多人都知道，自從台灣的大學開放陸生來台就讀後，許多學術研究也應運而生，無論是以量化或質性。如何在這波現象中找出研究的獨特性及貢獻性？是我和碧佳每次瞇聽（按：瞇聽是我和研究生用來做論文指導時間的用語，其實就是英文meeting的諧音）你來我往的話題。我們在閱讀了許多研究陸生的文獻後發現，國內論述大多是以局外人的觀點或是政策性的，如三限六不等的延伸研究，政治意涵濃厚，且以量化為主，少數質性的研究也多停留在生活適應階段。當時交換生居多數，學位生為少數，大多數的研究也以交換生的認

知層次為主。碧佳身為局內人（陸生），選擇做陸生來台就學的主題，對她來說，是個不小的挑戰，但我知道很有意義。我們的初設想，在現象詮釋學的穿針引線下，最後在本論文中得到些證實。

我們接下來的謎聽時間，增加了許多教與學、學與思的激盪與互動。每次的論文討論都是欲罷不能，淋漓盡致。除了論文外，還有生活上的一些價值觀、信念的討論，也都讓我在教與學中有許多的刺激。在臺南大學就讀期間，我感受到碧佳就像塊海綿，快速的吸收來自台灣、來自世界各地的知識，她常常慨嘆研究所2年的預設時間好像不太夠，想多學些。於是她在碩士修業第二年時一邊完成論文口試計畫，一邊申請了交換學生計畫，到南大法國的姊妹校去做交換生。這小妮子，充分的利用了她的留學時間，汲取知識和看見世界。她帶著論文計畫以及訪談蒐集的資料，承諾著一定會繼續寫完論文。

她的論文，有別於一般碩士生的制式化，有著「孫碧佳」堅持的style。她的文筆本來就很流暢，再加上她所使用的研究方法，還有訪談的學生也有相當厚實的故事，成就了這本論文的特色。在我們無數次書信或當面的往返討論中，這論文，除了兩岸不同文字形貌的更正以及少部分論文書寫邏輯上的辯證外，我刻意的保留了屬於她的，來自中國陸生的慣用語，以及論文邏輯性的架構。那屬於她與那10多位陸生在台灣的學術生活，是他們之間的默契。期望這樣的書寫，成為本論文的特色。身為讀者的你們，也能藉由閱讀她的詮釋，讀到來台陸生的故事，「著陸而生」。

恭喜碧佳將論文編排成書，也希望未來學術路上有你同行。

國立臺南大學教育學系　呂明蓁 Meg Lu

寫於美格魯601研究室

2016.10.24

序二

一顆種子

會在哪裡落地生根

會開出什麼樣的花

其背後有一股強大的力量在支配

叫做自然規律

人也一樣

人生到了某個時候

風突然就停了

然後就留在了那個地方

但也有另類的種子

它們把自己從舒適的土裡挖出來

頭頂著比自己高許多的天

硬是要出發

去一個它曾經夢見過的地方

雖然它那麼朦朧

朦朧得那麼不真實

一座新的陌生的森林

這些種子試著挑戰它

它們把敏銳的根紮下去

哪怕會有一點痛

也拼命地汲取一點一滴

因為沒有回頭路

但這座森林有它原來的主人

他們不一定歡迎新來的種子

它們擔心種子會長成怪物

會搶走他們的土壤和水

於是用各種儀器檢查

恨不得對半剖開一窺究竟

但他們從來不明白

種子只想長成他自己的樣子

陸生 樂俊

目次

斷尾的壁虎

X

第一章

啟程

你總說中國怎麼怎麼樣，中國人怎麼怎麼樣。你極力想把自己撇清，然後指責我們。但是，我覺得我不是這樣的，你說的不是我。

2013年夏天，我正蒐集和閱讀有關「白人優越感」的論文，並想以「跨國婚姻」為主題著手進行我的畢業論文。

9月開學時，我迎來了一位大陸室友，說實話，心中有千百個不願意。在台灣生活了一年，正一步步建立了自己的小世界。才勉強拋掉局外人的帽子，像個普通人一樣過正常的生活，實在不想又被捲入「大陸議題」的漩渦。如果可以，真想將「大陸」、「陸生」這些詞彙統統從我的世界裡抹除。

現實卻出乎意料，來的不是「大陸議題」，來了個「仙女」。新室友是個愛恨強烈，敏感真實的人，我們很快便成了無話不談的朋友。我叫她仙女，嘲笑她時有的自命不凡，她叫我教科書，嘲諷我做人的冠冕堂皇。

一天晚上，我們和新加坡室友聊天時，我無意間說了句：「中國人總是帶有很強的民族情緒。」睡上舖的她一下子坐起身，向我吼道：「你從沒說過中國一句好。你總說中國怎麼怎麼樣，中國人怎麼怎麼樣。你極力想把自己撇清，然後指責我們。但是，我覺得我不是這樣的，你說的不是我。」說時帶著滿腔的憤怒，還帶點啜泣。

你看，民族情緒又來了吧！我心想。

我也不甘示弱地吼了回去：「我在台灣人面前也沒說過台灣好，怎麼就你這麼敏感。」結果當晚演變成兩個女人一邊哭泣一邊對吼，從政治爭論上升到人身攻擊。直到對面寢室的台灣同學戰戰兢兢地過來敲門詢問情況，我們才不歡而散，賭氣含淚地睡去。

之後幾天，仙女的話像把刀一樣，一直扎在我心上。「你極力想把自己撇清！」我總抱怨別人給我貼陸生標籤，可我也在給別人貼標籤。我挺慚愧。

於是我不斷問自己，我極力想逃離的究竟是什麼？我在陸生身上看到的共同經驗又是什麼？我還能找到第二個議題比這更貼近我的經歷和感受嗎？脫離開我每日的生活，能寫出一本好書嗎？

本書才得以開始。

▌動機

> 動機存在行動之中。它是行動本身的一環。
>
> ——Shor & Freire（1987, pp.4-5）

（一）共同的感受

仙女來台灣的第三天，和同來的陸生朋友去電信門市辦手機卡。從學校去的路上，找了個大哥問路。大哥極詳盡地解釋了半天，還擔心倆小姑娘找不到，就直接把她們送到門口才離開。

電信門市的服務人員，一聽到她倆的大陸口音，也熱情地閒聊起來，來自哪？來幹嘛？生活適應不適應？有沒有什麼困難？離開時倆人不僅拿到了新辦的手機號碼，還多一張名片。

聽起來挺順利的一天，卻沒見仙女開心。她趴在上舖的床上，下巴枕著枕頭，有點委屈，有點無精打采。我問她怎麼了，她說：

「是挺熱情的，但每次聽他們說你們大陸，我心裡就是難受。」

我心裡咯噔一下。想起一年前的同一時候，我剛到台灣一週左右。晚飯後和一個關係很好的外籍生朋友閒聊生活上的感受，我嘟著嘴說「我知道他們是一個國家，可每次聽他們說你們你們，我心裡還是不舒服」。他不懂。

一年後的我，已經習慣甚至淡忘了「你們」的稱呼，但從仙女口中說出一模一樣的話，突然讓我看到，來台灣求學，我們有著共同的課題需要面對。看她為此受傷難過，我挺心疼。可除了去經歷，也沒有別的辦法。

於是我站起身，走到她床邊，正好和趴在上舖的她視線齊平。「以前我也難受，後來遇到一個去過大陸的台灣女生，聽她說在大陸的經歷。人家明明覺得自己是一個國家，到大陸卻得被認為是大陸的，台灣人到大陸應該更難受吧。」

她沉默。

後來她告訴我：「那次你是用你自己說服了我。」被批評了許久的冠冕堂皇，終於有了一次腳踏實地。大道理誰都懂，但生活自有其觸角，自有其力量，不用誰來說服。唯有感受，才是最豐富的真實。

（二）站起來的勇氣

因著仙女的關係，我結識了幾位同她一起來的大陸交換生。大家偶爾一起吃個飯聊聊天，也曾聚在大廳一起玩遊戲。小桃子是個

特別單純，又心直口快，口無遮攔的女生。我第二次見她時，看她拉著仙女的手晃啊晃，大聲地說「姐，你說台灣怎麼沒有帥哥啊，帥哥都去哪裡啦？」，全然不顧周圍有誰。我站在旁邊，聽得下巴都快掉了，心想現在的九〇後還真是無畏無懼啊。

　　她來台一個多月時，有一次幾個陸生聚在一起，小桃子氣鼓鼓地走進來，直接撂下一句：「我快被台灣的教授氣死了！」大家都被她的話吸引了過去。「上課的時候，有個老師說：『大陸的女生長得都不OK！』」她聲音拉得很高，「不OK」說的尖細且頓長，誇張地模仿著台灣教授。

　　「『她們都不會化妝，出門會穿這麼高的高跟鞋！』」小桃子右手舉到眼前，用拇指和中指盡最大程度比著鞋跟。我們都被她奇怪的腔調和誇張的動作逗笑。

　　「那你站起來反駁他啊！」大家異口同聲地說。小桃子愛美，每天都化點淡妝注重打扮，是公認的小美女。

　　「可是，」她氣得直跺腳，漲紅著臉說，「那天我真的穿了雙這麼高的高跟鞋！」所有人哄堂大笑，她就是這樣一個天真率直的小女孩。

　　大家由這一話題說開，紛紛吐槽自己遇到過的台灣教授和同學。大家說著自己被問到過的類似「你們那邊有沒有百貨公司？」，「是不是就一個電視台？」，「你們會有Starbucks?!」等等的問題。被問時的尷尬，在陸生的團體裡卻怎麼聽都覺得好笑。當陸生們聚集在一起以戲謔的口吻說出這些，現實好像真的成為，

我們並不是那個從落後的，封閉的地方來的人，教授和同學才是那個無知可笑的閉塞者。

然而，就在笑聲逐漸褪去時，小桃子突然有點哀傷地小聲嘟囔了一句，「我那時候連站起來的勇氣都沒有。」

我也在課堂上遇到過教授，說他去大陸參加博士論文答辯的經驗。說大陸的博士論文質量還不如台灣的碩士論文，大陸人的英文都不好。說罷還不忘看向我加一句「是吧，碧佳！」。我乾笑一下趕快低頭假裝看書，在心裡頂回去一句，誰知道你去的是什麼大學，嘴裡卻實在擠不出任何一個字。最怕的就是遇上去過大陸的老師和同學，他們說出的種種現象的確是事實，有的甚至還會拿出照片為證。可是以偏概全的做法，讓陸生們真是不知道該說什麼，有種「跳進黃河也洗不清」的悲壯。其實對教授和同學沒什麼情緒，陸生都承認那些是事實。氣的是自己的懦弱，怎麼就沒勇氣站出來說句話呢！

（三）只是尊重

2013年11月2日，台灣歌手張懸在英國曼徹斯特大學舉辦一場五百人的小型演唱會，過程中接過台下台灣歌迷遞來的國旗，並介紹說「這是來自我家鄉的國旗」。台下的一位大陸留學生喊出一句「no politics today」，聲音不大，卻足以驚動全場。

張懸被觀眾突然打斷有些震驚，第一反應有點閃避，「這只是一面旗幟，代表台下這些學生和我來的地方，這不是政治」。但

在接續唱完一首歌後，重重地撥了幾下頭髮，又堅定地說回這一話題。「你知道我這個人吶，還是想要跟那位小女孩說一下，就剛跟我講『no politics today』。這句話應該是從電視上學來的吧，或是電影上？你覺得這樣講好像很有風度，或是彷彿很了這個狀況這樣子。I know, I know.」女孩當天坐了三個小時的車，為張懸的演唱會從另一個城市特意趕到曼徹斯特，被喜歡的歌手當眾這樣說，想盡快結束尷尬的氣氛，說：「We just wanna have fun tonight.」。隨後張懸在台上發表了一段「用個體的生命做所有的思考」的言論，觀點深刻，立論精彩。只是那女孩沉默，再沒說一句話。

事件引發了兩岸網友極端的爭論，紛紛喊出「台灣人滾出大陸去」，「大陸人滾出台灣」等言論。大陸網友激起一股強烈的民族情緒，甚至對歌手張懸進行人身攻擊；台灣媒體報導則刻意醜化那位大陸歌迷，用不滿、反彈、嗆聲等字眼過度渲染。尊重議題也被搬上桌面，僅受到了有限的重視。張懸話說得漂亮：要獨立的思考，要作為一個個體而活，這樣才可以連接其他受尊重的生命。

只是，我們很容易站在道德高度上談論尊重和理解，卻很難真正做到放下心中的成見，清澈地看待他人。如果身處異國他鄉使得張懸對有關台灣的一切都倍感親切，那麼激起那位大陸留學生的家國情懷也在情理之中。政治認同相悖，但情感是相通的。在沒能深刻理解另一個個體時，從何談論尊重？

我在台灣做志工時，曾接待一個波蘭的文化交流團。領隊是個留學波蘭的台灣人，活動的主要目的是宣傳台灣的歷史文化，給大

家介紹自己的家鄉。團裡只有一個留學波蘭的大陸學生小宇宙，不是波蘭人。性格極其外向的他，愛自拍、愛生活，在大家眼裡是個活寶，彷彿從來沒有煩惱。

一次在參觀景點門口休息時，法輪功的人向交流團宣傳中共的迫害，台灣領隊也積極地幫忙傳發小禮物，加入討論。小宇宙和我坐在一旁，他眼睛直勾勾地盯著領隊，一邊揪著自己的褲子一邊哀怨地跟我說：「我一直把他當朋友，所以不去跟他爭論什麼。我知道我們政治觀點不同。但是從來到現在，他從未迴避過我。我覺得他根本不在乎我的感受。」隨後，他跟我說了很多因為自己是大陸人，而受到與其他波蘭人不同等的待遇，當他提到團隊中每個人的名牌都有一個稱號，例如特邀翻譯、學生家長等，只有他沒有時，他說，「我連個名都沒有」。我坐在旁邊聽著，明白他的受傷與被排斥，卻只能搬出老一套，請他理解台灣人在國際上不被認可的傷痛。

但是我知道，他要的不是認同，只是尊重。

看著台灣評論人張鐵志針對張懸事件，在紐約時報中文網的撰稿被多方轉載，文章末尾寫著「擁抱民族大義、迴避政治、只想have some fun的年輕人，是黨最愛的好孩子」。我實在不知該如何形容自己的心情。他口中的黨國，面對這次的事件卻格外的大方智慧，國台辦發言人在新聞發佈會上對此事表態：「希望兩岸同胞，特別是年輕一代多接觸、多交流，增進相互瞭解和感情。」張懸事件，重要的是站在國旗背後的，一個個活生生的人。

Shor和Freire（1987）在《解放教育學：轉化教育對話錄》中談到，課堂教育無法引起學生學習動機的原因，是因為學生並沒有被納入嚴謹的探求過程中。當我們開始一門課的時候，不能把學生的學習動機視為理所當然。只有當行動進展到某種程度時，才能引起動機，而不是在採取行動之前就存在動機。

決定做陸生議題，多少是跟仙女賭了口氣，讓她說我想把自己撇清，我就跳進來把它綁身上。可真的開始做了，開始接觸更多陸生群體，才慢慢地在行動中建立起非它不可的動機。在充斥著爭論與衝突的兩岸議題中，我越發強烈地感受到：尊重的基礎是理解，理解的基礎是感受。我們若想開啟真正的交流與對話，必須以對個體的尊重為前提，而要做到尊重，必須開放地傾聽彼此的聲音，嘗試去理解對立與相悖的觀點。

本書試圖做的，只是將陸生的生活經驗與最真實的感受如實地表達出來。就是抱著這樣的動機，與這本書一起走過兩年的光景。兩年下來，養成了個習慣，無論走到哪遇到誰，聊天不出五句就會被我拐到書中。陸生議題，快成一顆痣，長在臉上了。不知是否能像Monroe那樣增色幾分，但至少誰都別想將它奪走。

▎目的

我在撰寫本書時寫道：「本書旨在瞭解陸生在台的生活經驗與心理歷程。」但看著這些字印在白紙上，怎麼都覺得太蒼白無力。

習慣了論文的套路、模式和概念，就學會了偷懶。總會無意識地讓議題在學術的邏輯上跑下去，忘了把生活加進來，也忘了關切議題的初衷。

（一）不再分離的詮釋現象學

決定了做陸生議題，就開始著手查閱陸生相關文獻。

看文獻的那個禮拜，氣得吃不下飯。

一份研究的結論寫道：所有的陸生都是「大一統」的國家觀，都堅持一個中國的原則，無法接受台灣是一個國家。

我沒敢相信自己的眼睛，又看了一遍。又看了好幾遍。

接續的一句是這樣的：將台灣視為中國的一部分，或是將中華民國視為中國歷史的一部分，對台灣的主權帶有強烈的文化霸權心態。

我認真想了想，自1912年至1949年，中國確實叫中華民國。原來我這想法，是「強烈的文化霸權心態」。

回想起我跟仙女的無數次爭吵，再看看紙上清楚地寫著「大一統」的國家觀，感覺是兩個完全不同的世界。被理論化的陸生生活，似乎是在彰顯某種特定的形式，但在這形式中，我看不到自己，也疲於爭辯什麼。每個研究和理論化的形式都從價值觀中產生，脫離陸生意義詮釋的生活片段被理論化，最終是在建構一個我不暸解的陸生群體。

碩二那年開始接觸詮釋現象學，第一次感受到原來研究可以如此地貼近生活。開學前的作業是寫「我的故事」，一頁紙談談自己

生命的故事，老師還不忘在最後加一句：「希望大家在寫作中得到喜悅」。寫作的喜悅還未到，先被事件的細節拖入回憶的漩渦，重返故事的現場一次再一次地重新經歷著，情緒久久無法平復。

開學後的學習，緊緊圍繞著坦露、傾聽、關懷，聽著老師和同學們分享自己的生命故事，我在別人的經驗中照見自己，原本的憤懣與失意，在大家的經驗面前顯得微不足道。我重新學習孩子般的真誠與勇敢，一點點拆除自我保護的堡壘。

學期中，老師發來e-mail：「可以請你接受我下星期在課堂中的訪談嗎？」特別簡短。我看著發件人一欄老師的名字，呆愣了半天。我回說：「可以先問一下訪談的主題嗎？」其實不問也知道，老師想訪談我陸生的經驗，是出於對我撰寫此書的關切，幫助我反思自己的求學歷程。只是，堡壘可以拆，但害怕依舊。

在教室裡做學生多年，熟稔於對國家政策、教育現狀高談闊論，卻是第一次被問及自我，問及那個都快被自己遺忘的真實感受。訪談不長，說出來的語言也都平淡無奇，但每一字句背後所蘊含的完整的生命經歷，和那些經歷之於我的意義，我說不出也道不明。第一次做受訪者，在老師和全班同學面前，我有種被觀看的不舒服，同時又有種渴望被理解的期盼。這就是詮釋現象學的魅力，它將人與人強烈地連繫在一起；它要求我們深入另一個個體的生命經驗的同時，也要求我們更深地坦露自己，發現自己。

（二）看見教育學

每每與身邊的人談及我本書的主題，多數人猶豫下沒說出口，個別直接點的人還是問了：這和教育學有關係嗎？

從大學念到研究所，學了六年教育學，我也不禁問自己一句，什麼樣的研究才是教育學的研究？

回想六年的學習，最強烈的記憶都不是發生在課堂學習上，而是在一個個與他人碰撞的片段中。

大三那年暑假，我和教育系的幾個朋友組成了一個暑期支教隊，到河北的一個村子裡辦活動。我們沒什麼背景，也沒什麼宣傳，一到村裡就開始挨家挨戶敲門，告知我們的活動，邀請孩子們來參加。第一天的活動來了兩個半孩子，那半個，是不到兩歲的小男孩，被照看他的姐姐帶來的。我們支教隊九個人，拼命往那兩個孩子手裡塞小禮物，拜託他們帶自己的好朋友一起過來。慢慢地，情況真的好轉了，每次都能來十多個孩子。

第四天一早開始下雨。村裡沒有柏油路，傾盆大雨和著土，大路小路都變成水窪和泥潭。街上一個人都沒有。我焦慮著，心想天氣這麼差，孩子們會不會不來了？有隊員建議乾脆取消下午的活動。我不同意，抱著試試的心態堅持上了路。

我打著傘走在最前面，從大路上一轉，出現在小學所在的巷口。遠遠地就看見四個孩子霸佔了整條巷子，沒有人打傘，就那樣在雨裡等著。前面三個孩子一看見我就朝我跑來，撲到我身上，死

死地抱著。有個女孩說：「老師，我們還以為您不來了！」原來，孩子和我們擔心的是一樣的。最遠的那個小男孩掉頭進了學校，不一會就帶著所有孩子衝了出來，把我們團團圍住。我強忍著沒讓眼淚掉下來，但孩子們在雨裡向我跑來的畫面，我卻怎麼也忘不了。那天我數了數，來了26個孩子，比前一天還多了8個。

　　大四那年實習，在國中帶班並任課的一個月，是我大學裡收穫最多的日子。我喜歡站在教室後面，默默地觀察每一個學生，每個人的性格都如此與眾不同，每個人都是一個完整的世界。做老師這點讓我覺得最幸福，可以同時和這麼多個世界做連結。

　　實習結束的前一個晚上，我一夜沒睡，給班上46個學生，每人寫了一封信，記下我與他們每個人相處的點滴與感受。第二天趁他們上體育課時，端正地放在每個人的書桌上。當天放學，有女生抱著我哭，不讓我離開。幾個孩子堅持把我送到家門口，才依依不捨地離開。直到今天，他們早已從國中畢業，每到教師節，我還會收到來自他們的祝福。我總覺得愧疚，我為他們付出的那一點，是我作為老師的職責，但從他們身上得到的，卻遠超出語言得以描述的師與生，甚至人與人之間的關係。作為教師的行動很多時候只是一種自然的反應，但其意義，孩子們總能以精確又明智的方式，加倍地返還。

　　其實，孩子們要的也挺簡單，只是作為人的被看見。

　　上大學時與老師爭論教育的悲哀，當時我說教育是應用學科，沒有自身的理論體系，註定了教育者缺乏獨立的視角看待思考問

題。直到走出大學校園後，逐漸遇到形形色色的人，才在我和身邊朋友的身上，發現一些教育人的特質，那是種近乎單純的理想主義。教育的源頭是對另一個個體深切的愛與關懷，是在生活中建立一種獨特的親密關係，是在行動中懂得反思的敏感與機智。

或許至此，本書的撰寫目的還是那句：「瞭解陸生在台的生活經驗與心理歷程。」只是再次說出這話時，心裡有著沉甸甸的責任和壓力：我如何才能以關懷的視角走進陸生經驗？我如何能彌補書中抽象化的知識所奪去的，活生生的人的世界？我如何才能讓自己行動出詮釋現象學，行動得更像教育學？

第二章

指引

在詮釋現象學的指引下，此部分文獻探討試以提問的方式，為書寫過程中行動的視角找到理論與概念的依據，同時也在行動中不斷修正觀看的角度。理論結構雖然看似明朗，但詮釋現象學本身並不提供任何解決或解答問題的技巧與方法，而是警醒作者自身該如何在研究的過程中，沉思與體會探索的精神——將理論中的每一句話實踐於研究中，在行動中深入理解詮釋現象學，是本書真正的理論意義。

▌重問陸生

什麼是陸生？

這問題似乎簡單明瞭：來台灣就讀專科以上學校的大陸地區學生（參考《大學校院招收大陸地區學生聯合招生規定》）。

這樣的劃分或許足夠清晰，但當答案越清楚、越少模糊的時候，其所能解釋的意義往往也越具體、越侷限。當我們以地緣切割陸生群體時，陸生之中既包括一個福建廈門的學生到金門讀書，學校離他家可能不到10公里；也包括跨越2,845公里從北京到台北，甚至更遠的陸生。當我書寫一個陸生的經驗，有因老師上課充斥著台語而一頭霧水、倍受打擊時，我該如何看待另一個來自福建，在家只說閩南語，國語不如大多數台灣人的學生？難道沒有可能，一個嫁給台灣人的大陸女性，在生活過程中一直經歷著我所謂的陸生的經驗嗎？

我們如何能夠看到陸生群體中的差異性，又如何看到陸生與其他外籍學生、國際學生甚至台生的共同之處，人類經驗本質的普遍存在。正如現象學者提醒我們的，不要急於去定義，而是回到經驗本身，去問：什麼是區別陸生與眾不同的天性（本質）？

（一）轉向生活經驗

　　Sokolowski（2000）說：「現象學是對人類經驗的探索，是對事物通過經驗向我們顯現之方式的探索。」（p.2）現象學以生活經驗作為研究的起點，同時也以生活經驗作為研究的終點，它既是關於生活經驗的探索，又以回歸至生活經驗，更深刻地揭示人類經驗結構為最終目的。Sokolowski（2000）指出，Phenomenology一詞源於希臘字phaniomenon和logos的組合，表示對種種可能的現象給予說明的活動，而現象即現身的事物的實在與真實。而對於現象學的目的，Van Manen（1990）將之表述為把生活經驗轉換成一種經驗本質的文本性表達，亦即文本的效果就在於一種反思式的再呈現，以及對事物有意義地反思其合理性：這意味著讀者也能夠在他自己的生活經驗中有力量地賦予生命。此種表述揭示了現象學者「回到事物自身」的共同論旨，指向唯有透過世界，事物才能被瞭解與獲得意義。

　　然而，什麼是生活經驗？

　　Merleau-Ponty在《可見與不可見的》一書中定義生活經驗是一種「立即的覺知」，他從前判斷與前反思的身體意向，以更加本

體論的表述揭示了生活經驗的意涵（引自羅國祥，2008）。早在我們對世界認識並形成概念之前，它就已顯現在身體之中並且形成了統一。Dilthey在《體驗與詩》中提出，生活經驗並不是被我所覺察或者被呈現給我的東西，生活經驗的實體就與我同在；生活經驗的基本形式牽涉到我們立即的與反思前的生活意識：也就是一種反映式的或者自我給予的覺知，作為覺知，它本身並不自知（引自胡其鼎，2003）。

此種立即的覺知就註定我們無法立即去掌握經驗本身，唯有透過語言的反思才可得。Merleau-Ponty強調，當知覺到來的時候，身體就在知覺前隱退，知覺永遠不能在正在知覺時領會身體（引自羅國祥，2008）。此種時間的結構使得我們對於過去的事情，永遠無法掌握其豐富性和深度；對隱含著全部生活的經驗本身，我們僅能有所偏向地揭示其中的一小部分。當我們試圖對生活經驗提出解釋時，總有一種將特殊性關聯到普遍性，部分關聯到整體的特性（Van Manen, 1990）。

這種特性使得我們在反思式地回憶生活經驗時，某些經驗會產生聚集，而對我們過去的生活現象賦予意義。正如Gadamer對經驗的論說，如果某件事被稱為或認為是一種經驗的話，它的意義就會把這個經驗帶入重要的整體中（引自洪漢鼎，1993）。Dilthey將這種帶入整體中視為「結構連結」，Van Manen（1990）也稱之為一種主旨，使經驗具有它特定的品質，中心想法或重要主題。他進一步指出，此種結構連結或主旨，屬於生活經驗之獨特性，它關聯於

經驗的情境脈絡，成為經驗脈絡系統的一部分，只有從意義的反思過程中，才能讓它顯現出來。

（二）本質的探尋

Merleau-Ponty說：「現象學是本質的研究，在現象學看來，一切問題都在於確定本質。」（引自姜志輝，2001，頁1）本質作為哲學追求的永恆主題之一，常被形容為使某個事物是什麼的特性，失去了該特性，事物就不再是其自身的終極追尋。然而，Van Manen（1990）強調，本質並非某種神祕的實體或發現，也不是意義的最終核心或剩餘物。若從語言的建構加以瞭解，它是一種現象的描述。正如經驗本質的文本表達，一個好的描述能夠把某件事的本質架構起來，以揭示生活經驗的結構，讓我們能夠以未看見的方式去捕捉這個經驗的本性和重要性。此種本質與經驗的關係，也在Merleau-Ponty的論述中有所體現：

> 本質確定的不變將不再有把我們封閉在對什麼（what）的思考中的合法功能，而是要將本質之不變與實際運作之間的差距揭示出來，並邀請我們將經驗從其根深蒂固的沉默中解放出來。（引自羅國祥，2008，頁63）

因此，Van Manen（1990）強調，一個現象的本質被有意義的體驗過的現象學提問，對研究者的要求就不僅僅為對人類經驗的興

趣與執著，還須是「經歷過」的：我們「經歷」（live）該問題，同時我們也「成為」（become）該問題。在進行現象學的研究時，不僅僅是回憶某種經驗而已，還需要我們從本質性層面上回到經驗本身，且以一種能夠辨識的經驗描述，去建構某個特定人類經驗本質的可能解釋：

> 當現象學者詢問現象的本質——一個生活經驗——時，那麼這種現象學的探究，就像藝術家的努力，它是一種創造的方式，用語言的描述試圖捕捉特定的生活現象，此語言的描述既是全貌的也是分析的，既是從線索去感知也是精確的，既是獨特的也是普遍的，既是強而有力也是很敏感的，所以現象學探究何種適當的題目取決於對生活經驗基本天性的提問：在世存有的一種特定方式。（Van Manen, 1990, p. 48）

瞭解陸生經驗的本質，並非想要去解決什麼問題，而僅是想要重新瞭解經驗對陸生的意義所在。正如Van Manen（1990）所說：我們要重新達成直接接觸那個生活世界，以喚醒最原始實體的靈魂；回到經驗最原始的地方，再呼喚其意義。研究陸生經驗，並非鉅細靡遺地劃分界定，簡單直白地記錄描述，而是以一種敏覺的方式，將經驗及其意義再次，且更充分地帶入我們的現在存有之中。

（三）研究現況

　　自2010年8月立法院通過陸生三法，准許大陸學生來台就讀學位後，以陸生為議題的相關研究愈發增多。截至2015年6月，以「陸生」、「兩岸」、「赴台」為關鍵詞，在「台灣博碩士論文知識加值系統」、「華藝線上圖書館（CEPS）」及「中國知識資源總庫（CJFD）」能夠檢索到與陸生就學議題相關文獻27篇。其中約有14篇文獻，聚焦於陸生來台就學之政策探討，其他文獻也多將政策面作為背景或理論的一部分，置之於看待陸生議題的根底之處。

　　政策層面的探討最為集中，也最具爭議的，乃是對陸生特立的「三限六不」條例。無論是陸生政策制定與實施過程中的爭論，或是陸生招生情況不如預期的現狀，亦或陸生在台生活求學的適應與不適，種種議題最終均歸因於政策的限制。如，周欣怡（2015）在結論中指出，「三限六不」之限制影響陸生來台就讀之意願；楊淑涵（2011）也認為，「三限六不」與高等教育之民主自由的氛圍相抵觸，是為招收陸生的一大威脅。

　　除「三限六不」的討論外，其他對陸生特立的限制條例也被納入考量。例如吳錦惠（2013）通過對6位大陸交換生的訪談，發現陸生普遍反應在台就醫費用高，造成經濟上的負擔，因而提出建議將陸生納入全民健保範圍。但考量到政治因素，又提出可在健保繳費額上做審慎的等級收費機制。此種有條件的政策修正，與三限六

不的限制大同小異，實難以體現其文中「展現政府人道關懷及對人權的重視」（吳錦惠，2013，頁46）。

不可否認，政策的制定對陸生的生活有著重要的影響，但過度地將關注焦點導向政策面，而忽略了陸生的真實生活，難免有些捨本逐末，也未能深入地看到政策所帶來的實際影響。一方面，政策的制定既希望透過招收陸生提高台灣高等教育的國際化水平，又同時希望解決少子化所帶來的政治經濟問題；另一方面，出於政治考量，政策的制定不得不防範招收陸生可能帶來的安全問題，並且擔心陸生來台可能會稀釋台灣高等教育資源。政策本身對陸生定位的曖昧不清，使得以政策作為區分陸生本質的研究，其結論往往產生眾說紛紜的現象。上述動機與疑慮均來自兩岸的政治現況中台灣的置身，它是陸生在台生活的重要一環，但不是決定陸生方方面面的原因，更不等同於陸生生活本身。釐清陸生定位，對修正陸生政策有著重要的意義；但澄清的方法，並非在紛繁的政治爭論中找到對錯，而是回到陸生的生活經驗，瞭解找出陸生經驗與眾不同的意義所在。

▌重問陸生經驗

什麼是陸生經驗？

當兩個朋友間閒聊，一人被問及台灣到其家鄉的距離，家鄉的樣貌時，陸生並未現身。但當開學第一天，老師面對全體新生，唯

獨指著其中一位向全班介紹說，這是我們班這學期的陸生時，陸生在課堂上現身；當因某個人走近，朋友們突然中斷原本正討論的反服貿議題時，陸生在生活中現身；當有人在公共場合談及「大陸人上廁所都不關門」時，有個人即使沒有被關注，卻仍略顯尷尬，坐立難安，陸生僅在那個人心中現身。

　　這些當然是都陸生經驗。但如何是呢？哪些經驗稱得上是陸生的經驗？它們在何種意義上成為陸生經驗？理解陸生經驗何以成為可能？

（一）意向性

　　在經驗主義與理性主義主導的洪流中，我們徘徊於知識的客觀性、心智的主體意識與觀念之間，決絕地切割外在世界與內在心理世界。然而，現象學者卻指出此種切割的不可能，我們的每一個意識動作，每一個經驗活動，都是具有指向性的：意識總是對於某事某物的意識，每一個朝向總有它朝向的事物（Socolowski, 2000）。現象學將此種某事某物以如此這般的樣態呈現給我們，我們與世界不可分離的連結，稱為意向性。

　　不同於內在與外在世界的二元切割，當現象學指出意向性時，同時帶出了意向性的種類與結構。最常出現的三種結構形式，即為部分與整體、同一與多重、顯現與不顯現。指出，當我們在考慮事情的時候，總是將部分（parts）與整體（whole）串連起來，共同構成我們思考的內容。並且哲學分析就在釐清部分如何建構

出既有的整體（Sokolowski，2000）。整體中的部分，既包括獨立的片段（pieces），也包括非獨立的環節（moments）。環節無法脫離其所屬整體而獨立存在，它們總是以某種特定的方式配置在整體之中。然而，語言的使用使得我們彷彿能夠脫離整體而單獨談論環節，從而面臨忽視整體，將抽象者（abstracta）當成具體者（concretum）的危險：

> 我們讓語言中的抽象性誤導我們去設想可以被分別談論的就可以具體地向我們呈現。原本只是單純的區辨（distinction），我們卻把它當成分離（separation）。（引自李維倫，2004，頁49）

其次，Sokolowski（2000）也指出，同一個事實總是可以由多重的方式表達，但意義並非等同於某一語句或表達形式，而是在多重表達形式之中的同一性。同一性由表象給出，確實是我們經驗事物的一部分；但同一性不能被化約為表象或是表象的總和，因為同一性超越了它的多重呈現。當此種多重呈現又與不同經驗者間的主體際性（intersubjectivity）相互運作時，多重中的同一有了更豐富的超越性：同一性不僅能夠為我們所通達，同時也為他人所通達。這使得主體間的溝通成為可能，但同時也提醒我們，我們永遠無法離開自己這個中心位置，我們無法不帶著自己生活。

最後，顯現與不顯現，簡單地指所意向的對象是否在場。我

們透過語言對不在場的事物進行意向，這種意向使我們能夠活在回憶與預期之中，活在有所距離與有所超越裡，而不止活在感官知覺中。同時，顯現總是以消除不顯現的方式給出的，當我們覺察到某物的顯現，其不顯現的可能性則構成支持這個顯現的襯底視域。同一性總是這樣既顯現又遮蔽其自身，在跨越顯現與不顯現的差異中給予出來（Socolowski, 2000）。

　　現象學區分並挑出不同的意向性以及與其關聯的各種不同的事物，能夠幫助我們瞭解人類認識的不同形式，也幫助我們瞭解我們跟我們所在的世界的不同關聯形式。並且，當我們將意向性轉向另一個個人的經驗時，我們也承認他人同樣能夠作為顯現的接收者。現象學者點明意向性地意義在於，說出的話語、有所意向的姿勢，以及不經意的身體語言，都不只是身體的動作；它們顯示了意向動作，它們表達了思想內容，它們也傳達了世界與其中的事物對這一身體中的心靈是如何呈現。那個身體不只是另一個意識的棲所或另一個觀點位置，它還傳達了他人的心靈（Socolowski, 2000）。

（二）存有的語言

　　與經驗意向性的討論與發展相符應的是，這一時期對語言理解的詮釋學的新進程。Schleiermacher與Dilthey基於聖經與文學的文本閱讀與詮釋結構，提出詮釋學不應只限於文字，而應擴展到人類文明的產物，直接由人類活動為出發點。Heidegger更進一步將其擴充為人類存在的自我詮釋（Socolowski, 2000）。此種轉變並非

僅止於詮釋的對象，而是轉向說話的人的主體性，肯定了人憑藉語言的存有而寓居於世，也肯定了心理本質的非實體化。

Heidegger曾提出，語言、思考及存有是同一回事。語言本身就是思想，就是存有，人是在語言之中才有瞭解，在語言之中活著的（引自孫周興，1993）。又如Ricoeur所說，經驗、意識及無意識就像語言一樣被組織起來，所以一個人能夠說出所有的經驗，所有的人類互動，如同某種文本一般（Van Manen, 1990）。這並不是說我們有一個實在的稱為語言的客體，也不是說我們能夠將存有狀態的經驗完全運送到語言那裡去，單憑分析語句就得以掌握經驗的全部，而不需考量語言背後的人。實際上，語言也是一種存有方式，也是一種活著。人根本存在的活著本身是給不出東西的、是沉默的，直到人拿語言來當做活著的感覺時，也就是「做為人」之時才出現（余德慧，2001）。

Heidegger進一步推進這種語言的存有，提出「語言在說話」，他甚至更決絕地指出，「詞語破碎處，無物存有」（引自孫周興，1993，頁133）。我們活在語言之中，是語言給出了世界：

> 當我們關心或專注某事物，它感動、壓迫和觸動著我們，而我們又尚未找到適當的文字。這時，我們對這事物有某種想法，但卻又無法說出我們的想法。當時，語言似乎在逃離、在遠去。不過，就在這種語言的逃離和遠去中，語言的本質觸動了我們。如果，當時我們的想法是從未在語言中出現過

的，則我們能否適當地將它說出，其根本的關鍵就是：到底語言給出或隱蔽適當的文字？若語言給出適當的文字，則我們就可以將之適當地說出；若語言隱蔽起來，則我們便無話可說了。在這種情況下，能否適當的將它說出，其最根本的關鍵不是人，而是語言。（引自孫周興，1993，頁viii-ix）

　　然而，語言作為「存有之屋」，在給出人活著的依靠的同時，也遮蔽了更多的東西。一方面，當我們一開始認識事物，總是用已經看到的語言去認識；語言召喚某物的同時，也召喚出的龐然的東西，是人無法規避的。另一方面，對於我們所處的模糊一片的背景，語言總是明白地給出；此種給出是沿著語詞那道光而看見的明白，但遮蔽的卻比照亮的多得多（余德慧，2001）。Van Manen（1990）也提出，在某些文化的限制與背景下，我們用相同的字來描述我們的經驗，但語言只是不適當地描述經驗，最終的字失去我們個別字句的完整性與獨特性。

　　此種語言既開顯又遮蔽的雙重性，賦予我們寓居於世的狀態，同時也給出距離提供觀看。余德慧（2001）強調，人彼此遭逢、說話，因而知道某事，但並不是一開始就假裝知道；瞭解從來不在對方的世界裡，知識不在於預先有假裝的知道，而是「實踐之知」，意即世界是給出的，在給出時，語言、關係和實踐都同時給出。我們應該瞭解的不是論述的對象或內容，而是論述是如何給出的，如此才能瞭解人最為根本的東西——人對存在的「操煩」（care）。

知識的問題經常讓我們回到我們的世界、我們的生活，回到我們是誰，以及是什麼讓我們如此去寫、去讀、去說：這正是在文字、說話及語言背後所呈現的圖像（Van Manen, 1990）。

（三）研究現況

　　對陸生經驗意向性的揭露，及語言的給出，時常容易迷失在作者的主觀判斷中。在台灣學者針對陸生政治觀及態度變遷所進行的研究中，無論使用質性或量化的研究方法，其結論均無一例外地指陳陸生對台灣主權的接受程度低，對兩岸的政治態度傾向統一（王嘉州，2011；藍振弘，2013；李佩雯，2014）。王嘉州（2012）進一步對大陸交換生的統獨立場變遷進行問卷追蹤調查，基於交換生在台四個月生活前後的態度對比，研究結論發現，32.71 ％陸生政治態度往「維持現狀」變遷，即對台灣的政治認同有正向的改變。

　　姑且不論上述研究所使用的理論視角、研究設計等的適切性，僅就研究者對量化數據或訪談語料的詮釋分析，就不難看出作者所抱持的政治態度與預設立場。例如，王嘉州（2012）將有到台灣朋友家做客經驗的陸生，比無此經驗的陸生，政治態度變遷變得較偏向盡快統一的研究發現，詮釋為：陸生在接觸台生朋友的家人或鄰居時，若對方的言行較不友善，可能加深陸生偏見，主張盡快消滅台獨完成統一；若對方言行和善，親如一家，則可能造成美麗的誤會，使陸生誤認為兩岸統一已水到渠成。無論現況有何種差異，研究者均能透過詮釋將研究發現導向有利於自身的方向；研究中，陸

生的政治觀及變遷過程並不重要，重要的是如何能夠印證研究者所提出的，作客經驗會使陸生統一態度向盡快統一變遷的研究假設。當王嘉州（2012）在研究中提出陸生對兩岸關係的認知失調現象可謂普遍時，他指陳的陸生持有「兩岸必須統一的既存偏見」、「中國大陸的教育使得陸生認為兩岸終究要統一」，又何嘗不是研究者對陸生的一種認知失調？

又如李佩雯（2014）的研究中，通過對23位陸生與23位台生的深度訪談，試圖區辨出劃分我群與他群的社會認同差異。其研究結論指出，對陸生衝擊較大的社會認同差異為「族群認同」與「國族與政治認同」，而台生感受較強烈的則為涉及團隊合作價值的「學生認同」與「社經地位與獨生子女認同」。研究者在提出上述發現的過程中，如何審慎地考量自身價值判斷的涉入，換句話說，族群、國族政治認同與學生、社經地位、獨生子女等認同，真的是獨立存在的社會認同嗎？如果台生沒有族群、國族政治認同的歸屬，為何面對既有積極競爭，也有表現不佳的陸生時，「學生認同」會成為台生感受強烈的社會認同差異？台灣同樣存在「獨生子女」與「暴發戶」，但為何「社經地位與獨生子女認同」成為台生心中區隔「我群與他群」的依據？更進一步說，研究結論的指向，是研究者擴大解釋了陸生的族群、國族政治認同，還是忽視了學生、社經地位、獨生子女認同背後，隱而未現的台生及研究者本人的族群、國族政治認同？研究結論得以揭露的，究竟是陸生經驗的意向性，還是研究者自身的意向性？

更為有趣的是，在對比大陸學者針對赴陸台生所進行的研究中，不難看出相同的語言背後卻有著不同的意義指向。例如，同是「維持現狀」的政治態度，在台灣學者的研究中意味著中國大陸與台灣作為兩個完全獨立的國家，各自發展（王嘉州，2012）；而在大陸學者的研究中卻意味著同是中國人的定位，一個中華民族的文化認同。而同樣指出陸生來台能夠推動兩岸文化交流的不同文獻中，大陸學者的立足點在於不同地區中華文化的交流與碰撞，其背後隱含的是一個中華民族的思想，如張彤、朱麗婷（2010）所寫，「推進兩岸教育交流是傳承中華文化的需要，是中華文化屹立在世界多元文化下的需要」（頁64）；而台灣學者是基於兩種截然不同的社會及文化氛圍，提出台灣文化對陸生的吸引與傳播，如巫淑華（2013）提出，藉陸生「遠播儒家思想的文化，改變敵人的侵略野心，這應該是國家的政策」（頁24）。由於這種語言的遮蔽性，研究者須時時警醒自身所抱有的立場與認同，才不至於走向借他人之口，說自己之話的歧途，不至於與陸生經驗愈行愈遠。

　　然而，上述針對陸生政治態度的研究中，過度詮釋陸生經驗意向性的現象，在探討陸生來台就學動機與生活適應情形的研究中，走向另一個極端，即拋開兩岸特殊的政治關係，而僅從適應理論或留學理論看待陸生經驗。此種對意向性的忽視，使得各研究很難走進陸生經驗本質，而僅是針對表象提出各理論的觀點。例如以留學理論觀之，台灣與大陸語言相通，而較歐美消費水平低，經濟負擔小，成為陸生來台就學的動機之一（蘇黃亮，2011）；而李逸雲

（2011）卻指出，兩岸文化雖然相近，但也因此失去了留學的附加價值，且台灣的消費水平對陸生的就學動機影響不大。又如，王雋安（2014）在其研究結論中指出，陸生在生活環境及人際關係的面向均適應良好。然而，古曉婷（2015）卻指出，由於政治及意識形態差距，導致很多不認識不理解，以及不能溝通的情形，給陸生來台就學過程中情緒和精神上帶來一些壓力。

以完成理論為主要目的的研究，不僅無法看到陸生真實的生活經驗，甚至需要透過表象來印證研究者的預設立場。為說明研究的普適性與代表性，研究者又不得不將大陸學位生與交換生混為一談，以達到漂亮的研究對象的數字。然而，這樣的研究，究竟是出自對陸生議題的關切，還是藉此議題成就研究者的利益？研究者如何審慎考量研究過程中的權利差距，以台灣人訴說陸生經驗的發生權利不對等，而不至於將陸生群體推向更為弱勢化的位置？

▌ 重問方法

> 我們只有修補術而無其他，我們還想隨機地創造自己，從周圍的零碎之物中組合出方便愉快卻又短暫的認同。我們撿拾碎片來支撐我們的破敗。
>
> ——李維倫，2004，頁18

如Sokolowski（2000）所說，我們如何才能把握事物中的同一

性與可理解性，以不至於在碎片中自我修補？如何才能在不可規避的遠離中，盡可能貼近經驗本身？研究陸生經驗，該怎麼做？

（一）陸生研究的先前理解（pre-understanding）

在現有關於陸生來台就學的研究文獻中，多數研究並非關注陸生生活經驗本身，而是試圖通過陸生經驗提取特定的現象，從而建構或修補某種理論；或是急於對相關學校、機構、政府提出建議。作為陸生，我不得不關注這些建議對陸生生活本身是否具有實質意義？無論其看來何等地善意，我更在乎它們是否向讀者展現了真實的陸生經驗。

在現有文獻中，對陸生議題的研究大致可歸類為四種研究思路。第一，當陸生這一名稱因政治而現身時，陸生議題等同於政策的開放與限制，陸生經驗等同於政策法令所允許的範圍界域。在這些研究中，關注的核心徘徊於學生的權益與台灣安全，陸生的本質是為政治上的爭議。第二，由政策探討轉向對陸生政治態度的探究，以及經過在台求學生活，陸生政治態度的變遷；這一過程中，陸生等同於大陸的代表，研究重點在於指出招收陸生來台就學，對陸生認同台灣有重要意義。第三，當議題轉向求學動機及生活適應時，陸生突然失去了其政治上的特殊性，陸生本質成為避而不談的話題，研究急於以某種理論或技巧重新定義陸生生活，陸生經驗意味著研究者使用之理論所能展現出的面向與行為。第四，胡紹嘉（2012）以文化傳播學的視角，將陸生經驗視為同質文化中的跨文

化調適與認同，指出陸生在台經歷的個人認同與社會認同之調節和斡旋。這個研究基於一位大陸交換生來台四個月的生活和適應，提出對跨文化適應過程理論的修正。

但是，正如現象學者Van Manen（1990）提醒我們的，所有研究都似乎存在一個問題：當我們試圖產出理論時，將生活經驗抽象化、平面化了。當我們將生命粉碎成抽象的片段和分子，將經驗拆解於文字，再將其切割、提取而形成的理論，是以研究總以一半的生命存活著。更糟糕的是，理論學家的多種包裝可能對其讀者所瞭解的真實變得不負責任，也對其研究對象不夠尊重，因為建構理論是他們的第一要務（Van Manen, 1990）。在多數來台僅四個月的大陸交換生身上，我們看到的究竟是調適過程中的短暫嘗試，還是更為根本的認同的調節，甚至由適應走向成長的人生歷程？在走向理論建構的路上，我們是否錯誤地安放了蒐集到的陸生經驗，而忽略了在理論之外的，完整的人？在理論的世界裡，研究者們似乎建立了另一種真實，甚至另一套證明其真實的自我機制，以令我們相信其理論的價值所在。然而作為陸生，在那些理論中，我卻找不到自己生活的真實世界；在那些所謂站在陸生立場的宣稱中，我卻找不到作為陸生得以存活的縫隙。

（二）人文科學的主觀與客觀

以生活經驗為焦點的詮釋現象學研究，與實證的、行為的科學研究註定不同在於，必定先有經驗，而後才是反思所得的理論。若

以自然科學的理性準則為衡量標準，人文科學難免過於主觀，不夠嚴謹。但重點是，研究不只是對於外在現象的瞭解，它必然牽涉到研究者的自我學習與轉變（畢恆達，1995），研究不可能理性地於研究者之外而獨立存在。

現象學的研究對於一般科學所倡導的客觀（objectivity）與主觀（subjectivity）有著重新的思考。客觀與主觀，不再是事實和價值、經驗和標準的二元對立，主觀不是科學嚴謹性所趨避的，而是與客觀同時存在，對研究有著不同的意義與重要性（Van Manen, 1990）：

首先，人文科學的理性源於：我們可以共享世界；我們可以讓事物為我們彼此所瞭解；經驗是可以被理解的。現象學承認，人類生活經驗比起如何美妙的描述結果都來得更複雜，生活總會有難以言喻的部分。但也強調思考的力量；人類生活需要思考、洞察與對話，好讓生活本身變得可知，這也包括生活的複雜性和神祕的天性。何況，面對令人毫無感覺的抽象概念，使得我們對人類生活的瞭解更加貧乏的邏輯系統，改用言談式的論述作為思考的語言以捕捉人類經驗的真貌，也不該受到責難（Van Manen, 1990）。

其次，相對於量化科學中精準的測量和完美的研究設計，人文科學的嚴謹性是透過詮釋性的描述，對細節的飽和與完整的堅持，以及對文本所探討之概念的本質一探究竟。量化科學中「嚴謹的資料」，指量化數據或可觀察測量的方法所獲取的知識；而人文科學則是道德上和心靈層次上的「壯碩」或「強硬」：一份熱心又嚴謹

的人文科學文本之所以突出，就在於有勇氣為其主張的獨特性與重要性挺身而出、暢所欲言（Van Manen, 1990）。

　　因此，Van Manen（1990）指出，人文科學的客觀，意味著研究者從某個角度轉向客體，也意味著對客體保持真實，時時警覺研究者容易因其他無關緊要的因素而走偏、出軌或迷惑；主觀則意味著研究者必須盡其可能地感知、洞察客體最完整、最深層的本質；而克服研究中的不嚴謹，意味著我們強烈地以一種獨特而個人的方式趨向研究對象、同時避免自己變得獨斷且自我縱容，或者被未經反思的偏見牽著鼻子走的危險。研究過程中，除非研究者能夠對根本問題或概念保持強而有力的態度，否則往往會有許多的誘惑，使得研究者走偏了、彷徨地沉溺於徒勞的空想，或者停頓在先前想法和概念之中，或者迷失於自戀式的反思或個人的成見之中而不自覺，或者又再跌入強調概念的分類、理論抽象化的陷阱之中。

　　至此，詮釋現象學取向的人文科學研究，彷彿為我們設立了不可能完成的任務：必須能夠以語言的力量來維持一個幾乎不理性的誠信，使那些總是似乎超過語言的東西可以被瞭解；專注敏覺於生活經驗，建構完整的解釋性描述，並隨時提醒自己，被經歷過的生命永遠比任何意義解釋所能顯露的更為複雜（Van Manen, 1990）。然而同時，現象學也告訴我們：

　　　　完完全全的還原是不可能的，完整或最終的描述是不可及的。因此，我們必須加倍努力做研究，而不是就此全然放棄

人文科學。（Van Manen, 1990, p.21）

（三）從歸納走向主題

　　然而，在我們反思之前，如何能夠經驗到這個世界，獲得具洞察性的描述，而不將經驗的世界分類、分級或抽象化呢？現象學不是驗證事實的科學推論，也不是對實證的歸納，因此，問卷調查、統計，甚至紮根理論的編碼與資料分類等研究方法，都不適合於詮釋現象學的研究。編碼就是分類，它完成同時意味著把主體在敘說事情的脈絡意義去除掉，語彙不能夠代表主體，它們與主體知識無關（余德慧、呂俐安，1993）。

　　詮釋現象學的方法強調的是，研究者並不預先鎖定想要從文本中知道些什麼，因此無法預先設定分析的準則；應對研究所要檢視的主體意義，抱持一種毫無預設的開放（Van Manen, 1990）。敘說主體存在一套背景知識，使得主體能夠說出具有顯著意義的內容。只有當我們掌握足夠厚實的未經反思的生活經驗時，反思式的表達才會在持續的生活經驗的材料中主題化。

　　「主題」（theme）是指敘說者針對事件而產生一個簡單的命題或意義來描述它（余德慧、呂俐安，1993）；「主題分析」（thematic analysis）則指涉使這些主題再現的過程，是主題具體化或將其戲劇性的意義比喻出來。人文科學中的主題分析，是解釋文本或生活經驗的意義本質，是一個比較精確的洞察、發現、對話的過程；捕捉或形成主體性的瞭解，不是一個有規則可循的歷程，它

常是一個自由看到意義的活動（Van Manen, 1990）。余德慧與呂俐安（1993）指出，當敘說者講述他們的故事時，不同的故事間往往會有某些特定的主題和可約略判斷的一致性（coherence），即敘說者有時從某事跳到其他事情上，而形成模糊的連結；這種連結在現象學中即人存在時所具有的意義的界域，讓我們能對經驗進行反思，這種反思透過語言的敘說形成敘說資料，使我們得以找出事件及主題。

Van Manen（1990）指出，現象學的主題可以用經驗的結構來理解。我們試圖要描述生活經驗，而生活經驗無法用概念的抽象化來捕捉。因此他強調，現象學的主題往往是一種概念式的構成或分類化的陳述；它既不是客體也不是通則性，比較像經驗世界所組織的網絡之節點，圍繞這些生活經驗網織出具意義的生活全貌，使我們得以透過主題，進一步進行現象學的描述。重點在於沒有所謂的概念性公式或單一陳述，能完整的捕捉、掌握這經驗的全然神祕性，所以現象學的主題常是對生活經驗架構的完整描述，主題的陳述常只是點出、引出或暗示現象的某一面向而已。

第三章

曲徑

行在路上的人有路可走，尚未起步的人卻無路可循。

——葉麗莉（1996，頁256）

回溯研究之路，才真正明白詮釋現象學者所說的，作為一種發生的知識，除了耐心地在凝視中等待遭逢它之外，並沒有任何方向可循（葉麗莉，1996）。研究的過程與方法，確是在等待與嘗試中，踏拓出一條曲曲折折的小徑。

▌夥伴：研究參與者

> 他們是流淌的，從我心腹深處的石壩上漫溢出來，堅硬的成見和模式被一遍遍沖刷，搖搖欲墜，土崩瓦解。這種搖晃是危險的，但思想的本質就是不安。
>
> ——柴靜（2013，序）

（一）受訪者

自2013年11月至2014年7月，我共訪談了12位在台就讀學位的陸生，其中包括10位碩士生與2位博士生。其中兩位博士生的訪談，我發現其經驗的結構相較其他碩士生有些許不同，在與兩位協同研究者討論過後，最終決定不將其納入本研究的論述與呈現。究其原因，一方面由於兩人的生活經驗有些重疊，例如兩人均在大陸大學擔任教職工作，均以停薪留職的方式來台灣修讀博士學位，更加傾向一種在職進修的經驗；另一方面，由於研究時程的進行，研究者缺乏足夠的時間找尋有不同經驗背景的博士生，與兩位的生活經驗進行交叉比對，達到對博士生經驗敘說的資料飽和度，足以回

答博士生與碩士生的經驗結構是否相同的提問。因而，本研究中僅以10位大陸碩士生為有效研究對象，主題的呈現與經驗結構的描述，不包括兩位博士生求學經驗的分析。

受訪者的選取主要通過滾雪球與最大變異的目的取樣方式，在我個人生活中接觸陸生的基礎上，也透過老師、朋友介紹，以及聯絡大學相關機構等方式，廣佈訪談的邀請。確定受訪者過程中，主要的考量因素為研究對象的個人情況，如性別（男／女）、就讀學校地域（北部／南部）、就讀學校類型（國立／私立）、就讀學位（碩／博）、就讀專業、來臺前的工作經歷（有／無）、其他留學經歷（有／無）等。除此種個人情況外，為蒐集到更多樣的陸生經驗，也會儘量挑選不同的聲音，如對台灣的觀感好與不好、來臺後經歷傾向於在學校讀書或參與社會活動等。然而，雖顧及滾雪球與最大變異的可能性，但最終仍以陸生願意訴說其經驗為核心考量。

訪談過程以傾聽陸生經驗敘說為主。訪談時長也因不同受訪者的敘說脈絡，以及與訪談者對話的開展情形而定，通常為一個半至三小時不等。由於目前多數大學中大陸碩士生人數有限，為保護陸生的隱私，除非必要時不出現陸生所在學校及所學專業，僅以北、南呈現就讀學校所在地；有些語料稿中涉及學校與專業等信息，且該信息對經驗的敘說有著重要意義，在確保該信息不會暴露受訪者身分的前提下，予以保留。然而，即便如此，仍有些陸生由於經驗過於特殊，使得在呈現生活經驗的分析描述時，有可能暴露該受訪者的真實身分。對此部分特例，我在初稿完成後與受訪者進行檢

核，刪除或隱匿其不願呈現的經驗描述，對將出現在文中的經驗細節取得其同意。

在此，對10位受訪陸生的基本情況進行簡單介紹。對詮釋過程中涉及的更多個人信息，會在第四、五章與經驗一同描述。

尤佳：女，南部就讀。大學修讀理科專業，畢業後在私人公司從事公關工作兩年，後來台就讀，轉專業至設計領域。經陸生朋友介紹結識。訪談時來台就學8個月。

文和：男，南部就讀。大學應屆畢業後，直接到台灣攻讀同一專業研究所。在南部某一陸生活動中結識。訪談時來台就學6個月。

李贅：男，南部就讀。大學應屆畢業後，直接到台灣攻讀同一專業研究所。是我在台灣結識的生活中的朋友。訪談時來台就學2個月。

邢海：男，北部就讀。大學本是工科專業，畢業後在該領域國企單位工作兩年，後來台就讀，轉專業到人文領域。我在來台前，便在一次活動中與其結識。訪談時來台就學20個月。

珏嘉：女，北部就讀。大學畢業後，在同一領域工作四年，後來台就讀同一領域研究所。珏嘉是訪談時10位大陸碩士生中唯一已婚的受訪者，丈夫在大陸工作，並無子女。經台灣教授介紹，在某一活動中結識。訪談時來台就學9個月。

邰之：男，北部就讀。大學畢業後，在私人公司工作三年，後來台就讀同一領域研究所。經朋友介紹認識。訪談時來台就學21個月，正值論文口考前夕。

高圓：男，北部就讀。大學應屆畢業後，直接到台灣攻讀同一領域研究所。大學時期曾到台灣交換一學期，且交換學校即是研究所所在學校。經朋友介紹結識。訪談時來台就學21個月，正值論文口考，離台前夕。

項暘：男，北部就讀。大學應屆畢業後，到台灣攻讀同一專業研究所，於碩一第二學期轉專業，同屬工科領域。在台北一次小型論壇中結識。訪談時來台就學10個月。

滿有：男，南部就讀。大學畢業後，在同一專業領域國企單位工作四年，後來台就讀。在台灣結識的生活中的朋友。訪談時來台就學4個月。

蔣青：女，北部就讀。大學畢業後，在不同領域工作一年，後來台就讀研究所，與大學修讀同一專業。經陸生朋友介紹結識。訪談時來台就學8個月。

（二）協同研究者

資料的詮釋分析是與樂俊、文臻兩位協同研究者共同進行。我們三人同因對詮釋現象學的興趣與熱愛，開始本研究的資料詮釋。詮釋分析的過程是學習的過程，我們嘗試不同的分析方法的同時，也一起閱讀相關理論與文獻，共同討論選取適合在本研究中使用的方法；也是創造的過程，我們提出對詮釋理解可能有幫助的想法，例如交替閱讀、情景模擬、第一人稱敘說等等，最終也慢慢地走出一條我們自己的方法之路。然而，無論方法為何，三個人在一起的對話過程才是詮釋與創造本身。在此我對樂俊、文臻兩人的基本情況也進行簡單的介紹。

樂俊是陸生，男，於2013年9月來台就讀研究所。他是本研究的受訪者之一，考慮到個人隱私的保護，本文對他作為受訪者和協同研究者的不同角色進行分開匿名。因研究採取的對話式的分析方法，以及訪談時間與詮釋時間相隔六個月以上，相信此種既是受訪者又是詮釋者的身分並不會影響詮釋的深度：我們都不可避免地帶著自我進入他人的經驗世界，但我們最終的目的不是維護自身觀點的正確性，而是透過對話超越自我。在協同分析時，我們未納入樂

俊本人的訪談稿，並非出於信效度的考量（實際上，樂俊對初稿中涉及自身經驗的詮釋，有著深刻的見解），而是出於對敘說文本的尊重：我們在文本的自主性中深入探究其意義，而不通過增加文本試圖拓展其意義。

文臻是台生，女，協同分析開始時，仍是教育系大學四年級在校生，即將大四畢業進行教育實習。我與文臻在研究所開設的詮釋現象學課堂上結識，來旁聽的她在對話過程中常提出觀點獨到又一針見血的分析，是個十分敏銳的詮釋者。同時，文臻也是個善於接納的人，文臻的開放性是我們共同詮釋成為可能的關鍵。訪談稿中常出現的敏感議題和價值差異，在我們三人的接觸中同樣存在，甚至須要無可逃避地被拿來放大檢視。面對兩位陸生、碩士生所提出的詮釋，文臻要做的是深入理解語料稿中另一位陸生的生活經驗，我們曾擔心這樣的壓力會對文臻毫無顧忌地表達自己的觀點有所影響。然而，文臻的接納度與勇敢度遠超過我們的想像，她保持了一貫的獨到敏銳的覺察，是對話的三角形得以構成的重要一環。

樂俊與文臻的加入對詮釋分析的過程有著重要的意義。三人共同建立的相互信任，為對話的開啟和深入奠定了基礎。樂俊作為陸生，他的詮釋常會提醒我，我是如何帶著自己個人的意義理解走進其他陸生經驗脈絡的，因此我們的爭論為詮釋分析中祛除個人對意義解釋的習性提供了可能；同時，文臻作為台生，她的視角的加入，在我們過於投入陸生經驗而忽略了背景的不顯現與未說時，為對話開拓了更為廣闊與全面的詮釋空間。我們三人的詮釋並非累加

的過程，而是使得本文的分析如其所是的根本。

（三）我

在實證研究中，為達到知識的客觀性，研究者常需要隱匿自身，使其結論看來更具信效度。然而，詮釋現象學中的「放入括弧」、「存而不論」，並非將研究者排除在知識之外，而是大書特書我們可能抱有的瞭解、信念、偏見與假定，以不至將它遺忘。而現象學最大的魅力在於，每一個詮釋的行動都是一種自我的反身性照見，我們努力進入理解他人經驗的意義與本質，最終抵達的，卻總是更深層的自己。因此，我不得不在研究進行中的每一步都重新檢視自己的位置。那是我的出發點，也是我內心渴望理解與被理解的自己。

首先，我是陸生。隨著來台灣求學生活的一天天展開，事件與意義以無法預期的方式接踵而至，在我還未來得及認清時，我已走在路上。面對受訪的陸生，以及生活中接觸到的更多的學位生、交換生，雖我們的經歷都各不相同，雖每個人的觀點、做法我不盡全然同意，但他們每次發聲、行動背後的意圖，在我看來都是如此單純、明瞭。那些慌張與困惑也是我的生活，那些渴望與欲求也是我訴說的動機。

其次，我是台生。隨著在台灣生活的逐步建立，我不再只是那個「從大陸來的學生」，我還是一個「在台灣求學的學生」。我發現，當我在台灣生活一年後，面對那些剛到台灣的陸生，或是面對

更多從未來過台灣的大陸的親朋好友，我常起到一個讓他們瞭解更真實的台灣的角色，正如我剛到台灣時身邊的老師朋友之於我的意義。陸生的經驗不能只以「大陸人」的角度觀看，那是「陸生」與「台灣」共同編織的圖像。

然而，我是研究者。我對即將呈現的研究有著不可推卸的責任，那責任不止是信效度上的衡量標準，而是研究所承載的每一位參與者的生命。我盡可能地充實知識的學習，開放傾聽多元的聲音，以一種超越我個人，甚至超越陸生層面的理解，重新投入詮釋分析，努力地更加接近生活經驗本身。

最後，我是我。我同先前全部的生活經驗一起進入研究，並無可逃避地接受研究對我的不斷影響與形塑。我無法不帶著自己生活，也不可能排除自己，做一份純然客觀的研究。我只能描繪一幅我所看到的陸生圖像，希望能夠開啟更多理解與關注陸生經驗的對話討論。

▌蹤跡：研究程序

> 字句叫人死，精意叫人活。
>
> ——《聖經》

（一）深度訪談

當提到「資料」的蒐集時，我們總會將其與實證科學等量化研究相關聯，引至「客觀的訊息」中。然而，在質性研究中，研究者作為資料蒐集和分析的主要工具（Merriam, 2009），其面對的資料是最為寬廣的人類生活經驗。甚至如Van Manen（1990）所指出：當某人對我而言是關聯到某個有價值的經驗，我就已從中獲得某些東西，縱使這個所獲得的東西並非可量化的實體。

面對如此龐雜甚至曖昧不明的資料來源，本研究主要採取訪談的方式進行蒐集。然而，訪談並不意味著受訪者通過敘說，以語言拷貝心理的實在性，而是作為研究者與研究對象聚焦於研究問題的對話過程（Merriam, 2009），是由訪談者與受訪者共同建構的交談行動（Mishler, 1991）。余德慧、呂俐安（1993）強調，敘說是生活世界的行動，敘說的內容與敘說行動是相互脈絡化的，依照說話者的理解或脈絡框式（contextual framing）而變化，其語義是多元的；因此，在生活世界裡，敘說是合法的活動，它被放在使用場（field of use）裡，由說話者自身來決定正當性，而非正確性；在語言遊戲的觀點底下，實證論「看」不到的資料，卻在詮釋現象學裡被「看」到了。只有當個人給予生活歷史的「深長意味」之後，事實才能成為經驗，唯有經驗才能被個人說出，這個被說出的語言秩序才是指向過往經驗的理解。因此敘說資料是個人對生活事情賦予秩序，人在敘說裡才提示了整體性。

為盡可能考量受訪者主體性，深入認識、理解受訪者的生活經驗及其所賦予的意義，本研究採取現象學的深度訪談，以經驗、經驗的細節、反思三段式結構進行。首先聚焦於經驗的展開，以開放的問題邀請受訪者進入生活經驗的某一方面，在脈絡之中展開自身經驗的敘說。隨後，在傾聽和瞭解的基礎上，以追問的方式帶入得到更多的細節、釐清或是例子，更豐富和深入地理解受訪者的生活經驗。最後，奠基在厚實的經驗細節之上，訪談者與受訪者透過對話，共同嘗試反思生活經驗的結構及意義。此三段式結構並非絕對的操作步驟，而是對訪談者與受訪者對話過程的指引與朝向，在實際的訪談過程中更是步驟間來來回回的嘗試和等待。每一次訪談和訪談後對細節的反思，與錯過了而沒能追問到的地方，都成為下一次訪談的積累和修正依憑。

（二）文字的抄謄轉錄

　　對每一次訪談均進行錄音及觀察筆記的記錄。在訪談結束後立即開始文字的抄謄，將訪談的過程以文本的形式變成敘說文字。至此，余德慧、徐臨嘉（1993）提醒我們，我們並不是一下子完全捕捉到受訪者經驗的意義，而是在三個層次的理論下交互循環思考，即行動者世界（world of actor）、觀察者世界（world of observer）和評價者世界（world of evaluator）。

　　受訪者在敘說生命經驗的過程中反應了兩個世界，一個是受訪者與訪談者共同建構的說話現象的世界，也就是「人在說他的故

事」的敘說行動者的世界；另一方面，敘說本身的意義指向受訪者自己的生活世界，他用語言來建構過去的行動，此時受訪者進入一個觀察者的世界而形成敘說資料。此外，當語言變成文字被閱讀時，他是在反思的意義上對事實做了語言的轉換，因此敘說資料成為主要研究的「對象」，而研究者是進行「看」資料的主體，通過閱讀進一步發現結構的動力，以及對結構做開放的詮釋。

（三）主題的形成

在對訪談語料充分閱讀的基礎上，將原始語料稿根據敘說事件切分為單元，使其在不影響理解的前提下更易閱讀。通常以訪談者開啟新的話題事件的提問為切分點，對兩件事件敘說脈絡交纏不清的情形，則不進行切分，以確保敘說脈絡的完整性。切分後的篇幅常為2頁至6頁，每一受訪者的敘說事件約為5至10個單元。

隨後，與樂俊、文臻一起，對切分後的訪談單元進行沉浸閱讀（empathic immersement）。沉浸閱讀不僅在於語意的明白，更重要的是能夠如同經驗者一般經歷這個經驗；我們不再只是閱讀平面的文字，而是透過想像立體化文字的敘述，進入一個經驗場景之中（李維倫，賴憶嫻，2009）。三位研究者一同嘗試再現進入受訪者敘說的經驗場景，以及與這些場景相關的脈絡面向，在此基礎上進行詮釋分析。具體的分析方法包括：部分與整體的詮釋循環，重點式與全貌式取向的主題分析，以及置身所在的結構描述。

1.部分與整體的詮釋循環

　　部分與整體在探究本質的過程中有著重要的意義。詮釋現象學者強調，語言不只是碼號或系統，而是人的語言，是言說；語詞並非論述的單位，語詞必須安置在句子裡，語言的單位必須在句子以上，才能構成言說；只有在篇章、對談的情況下，才能同時有意涵，也有對世界的參照（余德慧，2001）。因此，訪談語料稿中的每一個字句都以部分的形式存在並聚集為敘說整體，但整體並非字句的疊加，而是能夠敘說意義脈絡的情景展開。在分析的過程中，作為詮釋者，我們盡可能釐清已經存在於我們之中的前見，同時又受惠於每一次詮釋分析結果所構成的新的前見。當下的分析部分，總會以一種意義結構的形式融合於整體，從而帶著新的意義與理解進入下一次的詮釋分析，構成一種詮釋循環。

　　然而，詮釋循環的意義還不僅如此。當受訪者的說變為寫，當訪談時的傾聽變為詮釋時的閱讀，文本既給出間距，也給出投入。文本的間距化（distanciation）意味著文本跳脫了在事件裡說的事件性，而直接到意義的空間去指認。而文本的投入（appropriation）牽涉閱讀，在閱讀時文本以一種不在現場的方式給出脈絡（余德慧，2001）。我們透過敘說者以文本的形式給出的局部細節（local detail）投入重新安置的經驗的世界（余德慧、徐臨嘉，1993），例如受訪者邰之說：「他們說『我們去大陸都說出國啊』，我說沒有啦！」，我們得以再現邰之和台灣

朋友間對話的場景。而在敘說經驗的細節時，邰之也會說：「台灣和大陸就是兩個兄弟鬧分家，但是還是兄弟啊！」，此時，他由是否算出國的談話細節引申出場景中的脈絡意義（contextual meaning）。是投入文本的雕琢使我們得以把握經驗的細節，而文本的間距化又使我們得以指認文字背後的脈絡意義。此種脈絡意義隨著經驗的敘說而產生，但同時可指向多個經驗細節。例如邰之以「兄弟」的意義關照「是否算出國」的經驗同時，也說明「對日本的喜惡」背後的立場，甚至此種脈絡有時會向更上層的結構移動，例如他說「我有自己的歸屬感啊！」。這種細節-脈絡-細節-脈絡的反覆循環，使得敘說者的經驗意義在同一循環下逐步浮現、突顯。

在敘說的過程中也會出現「再脈絡化」（recontextualization）的現象，即原始的脈絡意義發生轉變，使敘說者對事件（fact）的解釋和原來不同（余德慧、徐臨嘉，1993）。例如，當邰之與台灣學弟因對日本觀感不同而產生爭論時，邰之首先以「歸屬感」的脈絡意義堅持自己的態度，而在爭論僵持不下時，又以一種人際關係交往的脈絡意義關照爭論事件，此時他說：「只有那種敢說，敢去表現自己的想法，人家才知道你是什麼樣的人！」，但在另一個處境下他也說：「不理會，他只要不跟我理論，我就不跟他理論！」。敘說者會以不同的脈絡意義來觀照同一事實，在同一脈絡意義中也會以多義性（polysemic）的方式解釋經驗，此種多義性往往需要透過多位研究者的不同詮釋來逐漸顯明。

2.重點式與全貌式取向的主題分析

在閱讀受訪者生活經驗的敘說過程中，常會發現某些語句的描述比其他來得豐富些，有些特定的經驗現象在敘說中不斷地再現。通過這些語句的辨明與區隔，能夠幫助我們發現經驗的主題。為捕捉這些意義的敘說，我們借鑒了Van Manen（1990）提出的選擇性或重點式的取向（the selective or highlighting approach），與全貌性或句子式的取向（the wholistic or sententious approach），來揭露或分隔出主題。在此我以文和的一段訪談語料作為例證說明：

> 因為這個南榕廣場的命名是經過全校的學生投票決定的，在台灣這樣一種，倡導民主的社會，在這種投票結果出來之後，卻被沒有被，卻無法執行，覺得是有悖台灣這樣一種民主的理念的⋯⋯我當時就是，第一感覺就是，就像我剛說的，這東西不是應該有悖於台灣的一種民主的那種觀念，因為正常來說，你當全校同學投票的決定，直接被反對的話，於情於理有點說不過去。其次就是，一個命名，除非是有一些人，故意要跟某些事件扯在一起的話，否則這個是，否則這東西，其實本身這個命名是沒有政治色彩在裡面。我是覺得不太理解，而且對於這種比較極端的這種想法，感到比較驚訝。（文和）

在選擇性或重點式的閱讀取向中，透過聽與讀文本數次後，我們試圖找出哪些陳述或句子特別能反映、呈現所描述的現象或經驗的本質，這些字句在經驗的描述中透露了什麼訊息，它們呈現出經驗的哪些主題（Van Manen, 1990）。我們同樣對每位研究者提出的重點字句進行逐個檢視，在討論中豐富其意義。我們試著找出以下這些語句，並捕捉其背後的意義：

> 「於情於理有點說不過去」：面對台灣，陸生無法以一種置身事外的角度觀看。
>
> 「這東西不是應該有悖於台灣的一種民主的那種觀念」：陸生希望能夠深入瞭解台灣，拉近自己與台灣的距離。
>
> 「我是覺得不太理解」：陸生感受到民主說詞之外的排擠，從而放棄了深入理解、拉近距離的努力。

在全貌性或句子式的閱讀取向中，我們將文本視為一個整體並且不斷提問，什麼樣的句子可以使文本完整並捕捉到文本的根本意義？我們試圖透過句子的描述來表達這意義。然而，表達文本的根本或全貌意義，常是一種判斷的過程；每位研究者通常會區辨出不同的意義（Van Manen, 1990）。我們不對不同的意義描述進行優劣的判斷，而首先將其擱置，對解釋進行逐個檢視。以文本中的語句為依憑，提出對該解釋支持與懷疑的部分，盡可能地看到哪部分解釋更貼近敘說者的經驗，哪部分屬於研究者個人對意義解釋的習

性。通過充分討論，逐步修改對意義的表達描述。在上述文和的敘說文本中，我們看到一位陸生因南榕廣場的命名事件而困惑苦惱。他一方面因台灣是民主社會，而自己來自非民主社會感受到距離，另一方面又因現實中看到的不民主事件，對這一距離感到憤憤不平。當民主這一產生距離的理由被推翻時，陸生感受到被排斥甚至排擠的負面情緒。我們試著形成如下的主題描述：

> 當民主的理由無法解釋陸生與台灣的距離時，陸生感受到被排斥在外且受傷，因而可能放棄深入理解的努力。

3.置身所在的結構描述

在細節與脈絡意義，經驗與主題的詮釋循環過程中，我們一方面能夠指認出「陸生」經驗的圖形，另一方面也看到使陸生現身的「台灣」，亦即「陸生」與「台灣」是以「圖形—背景」（figure／ground）的關係呈現（余德慧、顧瑜君，2000）。在陸生與台灣的辯證關係中，我們從「台灣」的世界看見「陸生」，又在「陸生」的經驗中重新看到「台灣」。由於受訪對象均為陸生，在分析時容易將陸生經驗視為具體者（concretum）而單獨處理。因此，在詮釋的過程中，我們盡量避免Sokolowski所提出的，錯將本是環節的「陸生」作為部分而獨立抽出，提出像是「陸生經驗是如何被構成起來」的虛假問題（引自李維倫，2004）。我們將陸生與其他環節，如教授、台生，以及它所屬的整體，台灣，重新置於關聯的

脈絡中，探究其經驗的本質。

在此，我們借鑒李維倫「置身所在」（situatedness）的詮釋方法。「置身所在」立基於Heidegger的「寓居於世」（being-in-the-world）的認識論，認為人存在的本質首先是活在其周圍世界之中，人與其週遭之他人與用具之間的種種關聯形態與活動，顯露了人在世的生活籌劃。置身所在作為「人置身於其中」的涉入狀態（involvement），顯露出其中某些特定的社會文化視框為人們所用，而事物也因此被朝著某些特定的方向來理解，人們並且依此而採取某些特定的處理行動。它的這種使事物在其中而得以被理解，但又隱匿於我們的覺察之外的特質，與現象學中使事物如此這般照見，但又同時隱匿其自身者不謀而合，因而具有事物的意義來源（a source of meaning）的本質（李維倫，2004）。

在通向敘說者「置身所在」的過程中，我與樂俊、文臻，嘗試以一種集體（collective）的參與對話形式，試圖描述接近置身所在的地帶。李維倫（2004）指出，以置身所在為研究方法的非對象化的研究，將會是一個涉入者集體參與的研究行動，而研究成果會是在這些人之間起作用的有新意的論述（innovative discourse）。當研究者試圖抵達在世存有的可能性理解時，他就不再只是進行意義認識的操作，更顯著的是一種與他人共同理解的過程。我們因留心傾聽、觀察來自語料稿，以及來自彼此的種種存在的樣態，而常感到有話要說，並且學習成為誠懇而有新意的說話者。為投入遭逢的存在行動中，我們透過詮釋現象學的「想像」，去恢復話語中所

承載的關聯事物的涉入狀態整體，去經驗讓事物如此這般經驗的生活脈絡（李維倫、賴憶嫺，2009）。我們以輪流閱讀、模仿，甚至表演等方式，試圖勾劃出經驗場景的圖像；在詮釋循環與主題分析的基礎上，進行置身脈絡的整合性描述，即以文字的形式帶出圖像化的勾連（經驗場景的涉入整體）。整體性圖像的目的在於尋找一種可以將各個置身脈絡串連在一起的語言表達，在此以李維倫（2004）提出的操作問題為指導：能夠將這些置身脈絡的結構性關聯帶出來的，最適當之寓居於世的圖像及描述是什麼？在形成草擬的描述後，我們重新回到文本；一方面找出支持或駁斥的文本，另一方面也檢視描述的圖像是否將各個脈絡以合理的方式關聯為整體。在文本的依憑中，不斷刪減不屬本質的描述，增加經驗意義的厚度，以提高置身所在描述的細膩度與完整度。

對上述文和的敘說，我們試著形成如下置身所在的描述：

文和作為在台灣求學的陸生，感受到一種處於台灣社會之外的距離。起初，文和將這種距離的來源解釋為：倡導民主的台灣社會，與來自不民主的大陸學生之間的差距，從而為這一距離找到合理化的理由。然而，源自大陸同一中華民族的價值認定，使得文和對台灣社會有一種同是一家的情感連繫，有著應是圈內人的認定，對台灣的社會事件無法以置身事外的局外人角度看待。不民主事件的出現，對文和而言不止是理性上的衝擊，還有情感上的傷害。使距離合理化的

理由被推翻後，文和不得不面對自己並非台灣的圈內人的事實，熱情的投入換來的卻是疏遠與排斥。情感上的受傷轉化為對台灣不民主事件的負面評價，認識到被排斥的事實，也使文和逐漸放棄了對台灣的感情投入，放棄了縮小距離、拉近關係的努力。

以上的研究程序與方法，是本研究進行與詮釋的主要步驟。然而，雖然這些步驟是以一種特定的順序來呈現，但在實際的研究過程中卻是來來回回、同時嘗試同時進行的。更重要的是，我們時常以Van Manen（1990）的告誡自省：不要輕信，任何麻煩或問題都可以透過某些技術或方法來解決或解答。任何一種技術或方法，都不如體會探索受訪者的經驗心理來得重要。

第四章

陸：海底的駱駝

時間是心理的深度，空間是心理的結構。

——余德慧（2007，頁50）

面對10位受訪陸生的生活經驗，以及每一個經驗背後所承載的複雜多重的個體世界，如何將其連繫為整體以呈現陸生來台就學經驗，成為寫作上的最大難題。在此，本文借鑒余德慧（2007）提出的，以時間、空間兩大範疇作為自我領域發展的兩軸，展開行文。第四章「陸：海底的駱駝」，聚焦於自我的空間範疇，源於余德慧所指出，通過自我位格的外造性，肯定社會主體來自世界建造的目的性設定，使得世界得以成世，物得以物化，並使得心智獲得更大的操縱空間。因而第四章著重論述陸生自我的存有在遭逢台灣社會時所展開的空間，以及這一空間在陸生生活世界中所形成的意義結構。而同時，余德慧提出，世界的建造使得本質被遮斷與遺忘，直到負顯化，以深淵直落的方式，進入存有的內在時間，而空間以無法掌握的無限性退居底景，內在時間以迴旋的方式進駐；是以，第五章「生：斷尾的壁虎」，在陸生與台灣的遭逢過程中，著重論述時間所給出的陸生經驗的不同位置與狀態。

▋ 兩座駝峰

在資料的詮釋分析中，我們常發現這一情形，陸生在其生活經驗的敘說過程中，會向兩個不同的上層視框移動：一是社會的公共領域所給出的政治性，包括社會對陸生的意識形態，陸生在社會中的不均質權利等，在本文分析過程中將此種置身稱為「陸生」；另一是私人領域的生活經驗，是一種「坐忘其中」的根本的存有性，

在分析中稱之為「自我」。在「自我」與「陸生」的不斷交疊過程中，我們參考借鑒了余德慧、顧瑜君（2000）對父母生養經驗的離合處境研究中的三個現象詮釋弧，即（一）敘說者說話的立足點：親子關係的存有性；（二）敘說者說話的表象：在情事互動的協商結構；以及（三）敘說者不直接經驗的「超越結構」：「社會」給出的處境，作為本研究中陸生生活經驗的詮釋指引。

　　首先，陸生敘說的立足點，是陸生作為「自我」的根本性存有，是在日常生活的默會之處隱而未現的。它關照陸生的原生經驗，如吃飯、睡覺、出行、生病等，朝向的是如安全的需要，人際關係的和諧，與自我實現等不同層面。然而，這些作為陸生「所當如是」的根本，常會被「理所當然」地置於無言，只有在失去其依靠時，才以「問題」的形式將其說出，所說的表象是在生活經驗中的協商結構。例如，當尤佳說「沒有辣椒吃我就覺得很不開心」時，辣椒已經因在台灣生活中的缺失，而得以被敘說；但使所說得以呈現的背景，是尤佳在原本生活中對食物味道的偏好，是尤佳作為「自我」寓居於世的方式。

　　但是，當陸生身處台灣的社會之中，每日的生活所呈現的具體事件行動，又會被社會放入特定的角色之中，陸生的一舉一動，都不僅指向「自我」的存有，還同時指向「陸生」的置身。當李贄被台灣同學問到，「你覺得台灣是中國的一部分嗎？」，在現場的不僅是李贄的「自我」與台灣的同學，還有因李贄來自大陸所拉入的大陸的現場；被問及的，不止是李贄自身的政治觀念，還有以他

作為代表的大陸人的政治觀念。但重要的是，使陸生的角色現身的「社會」，並不僅為陸生此時身處的台灣，或是陸生過去所處的大陸，而是大陸與台灣以共在（being-with）的方式呈現出的「陸生」位置。以往關於陸生的研究，常是台灣的研究者以台灣的視角觀看陸生的經驗，因而會得出類似「所有陸生都是大一統的國家觀」的結論，這一結論僅僅揭示了研究者所持有的「兩個國家」的政治觀，而沒有看到陸生真正政治觀的複雜性，以及在兩岸共構的公共空間中永遠互動變化的演化過程。因此，對社會給出的「陸生」所在，應以一種開放性檢視事件的發生，而非封閉的定義呈現其屬性。

（一）共生與分立

日常生活來自個體「自我」的存有，但在與他人接觸的過程中，顯現的「自我」又被置於社會的角色。當陸生來到台灣，「自我」的生活經驗進入社會的生活經驗，「自我」衍生變為「陸生」。然而，「陸生」的現身並不能取代原本的「自我」，而是一定程度上遮蔽「自我」，並在日常生活的領域中共生分立。

1.共生

在默會的「自我」之中，「陸生」的現身是源於生活經驗中「被注視」的感覺。當我們完全投入某個情景時，我們會以「自我」投入立即的、自然的行動中，而在被注視的氛圍中，整個情景

會強迫我們在經驗的當時去覺察。這種覺察不一定是負面的，當社會給出的「陸生」位置與「自我」的需求相統合時，個體會默會自我的需求，而以「陸生」的經驗將其說出，此時，「自我」有種主動的趨向「陸生」所在的動力。

在我們剛來的時候，老師會派一些（台灣同學）去幫我們去熟悉周圍的環境，因為畢竟剛來不瞭解這裡的風俗或者習慣什麼的……有困難的時候給他打電話，他就會過來幫你……老師會給你安排這個，讓你知道怎麼去做……剛開始來的時候有一個，就坐在一起吃點pizza，坐在一起聊天，或者到結束以後再跟你聊天。上課的時候，選一些老師的課，老師都會，不光是學業上面的事，還有生活上面的事，都會很關照。「你生活上面有什麼困難，你就跟我們講啊，我就幫你去做！」不管是哪一門課，老師都會問我們，感覺心裡很舒服。（邰之）

生活上一個比較典型的事情是，去年冬至的時候，我們主任專門，自己煮的紅豆湯圓，然後還買了很多東西，就把我們陸生叫在一起……一起聊聊天什麼的，那天就變得很家常，他就說冬至嘛，不知道你們各地有沒有什麼習俗……那一周的時候的這種節日的氣氛，他就說我們這一群人是不是就很孤獨，然後他就忽然問想起來我們……如果說學業上的

關懷的話，老師對我們的要求和對台灣學生的要求我覺得不
太一樣，至少從我自身的體會來講，老師希望我能在這獲得
的更多。對課業的要求，反正我找他，他從沒拒絕過我，而
且會聊得很深……甚而有的好像我覺得他都沒有跟別人說過
的一些事情，都會在我們的交流中都會流露出來。（邢海）

「陸生」角色的現身，有一種較為簡單的顯現，即當陸生敘說
的第一人稱由「我」轉變為「我們」，將自己置身於陸生所在的群
體之中。例如老師對我們很照顧，老師對我們的要求和對台灣學生
的要求不太一樣等。在第一段邰之的例子中，兩岸共構的「陸生」
角色，是以一個外來者、不熟悉台灣的社會風俗而現身。此種被觀
看的位置所產出的日常經驗，是「熟悉環境」、「解決困難」等
生活的保障，以及「坐在一起聊天」、「學業生活上的關照」等人
際交往的和諧關係，同時也是「自我」的根本需求。而第二段邢海
的經驗中，「陸生」的角色是為求知遠渡重洋，隻身異地的學習
者，因而老師對「陸生」有著比台灣學生更高的要求，此種要求
與邢海的自我實現和來台求學的期望不謀而合。在此種「陸生」與
「自我」的契合中，邰之與邢海的敘說同時轉向所在群體「陸生」
的顯現，如邰之以老師對陸生的關照，代替我在台灣遇到友善的老
師的敘說方式；邢海會將自身的追求與期望作為默會的「自我」而
淡化，以「陸生」的角色敘說接受老師關懷的經驗。兩段例子共同
展現，當「自我」的經驗與「陸生」的經驗相合時，敘說者會主動

導向「陸生」而遮蔽自我，此種自我的隱退是「舒服的感覺」，甚是被關懷的感動。

2.分立

　　然而，有時大陸與台灣共構的「陸生」置身，卻與陸生的「自我」有著不可調和的矛盾。例如，在李佩雯（2014）的《我群與他群：兩岸學生社會認同差異之跨群體溝通研究》中，研究者訪談了23位台生與23位陸生。在《台生眼中的大陸學生》部分，對一群認真優秀，課堂上踴躍發言的陸生，不免被台生說成「愛出頭」、「破壞行情」；而對以觀光環島為主要目的的陸生，台生又覺得「不如學校老師及新聞報導所強調，個個都是精英」。而在大陸就是「貧窮落後」的主流觀點中，當台生遇到家境富裕的陸生時，內心不免將對方視為「暴發戶」，並歸因為「一胎化」導致的「驕縱」的獨生子女形象。

　　此種源於兩岸政治矛盾下的「陸生」角色，或許可以用夏曉鵑（2002）在《流離尋岸》中所提出的「進退維谷」來形容。台灣反服貿期間，堅決不談政治的郜之被台灣室友多次邀請去學運現場，在郜之明確拒絕後，室友表現冷淡；項暘以經濟因素為首要考量，對反服貿持反對態度，卻只能和「覺得安全的人討論」，並說「台灣這邊逢中必反，這不是一個社會常識嗎？」；對反服貿持開放態度的玨嘉，也曾因願意對話而感受到過「敵意」的對待，感覺被人拉到一個位置，「讓我只能去回答『是』來印證他們」：

有過一個對話是讓我覺得他就是挖了個坑，逼我跳進去，那個會直接激起我情緒的不舒服……就類似一步步地……先問你怎麼看服貿之類的，後面對話就發展成，但服貿如果是對台灣也有利益的，你們在讓利，那你們是要在圖什麼啊，不就是要吞併台灣嗎？……他其實並沒有真的要跟我對話，他那個問題的答案我只能回答是，回答是之後形不成對話……這個對話就結束了，他就會進到他自己的世界，「啊我給你們看，一個大陸人都說了，大陸對台灣有企圖，所以這個是可怕的一個事」。嗯，他只是要我一個確定。（玨嘉）

當「陸生」的置身無法給「自我」——安置的空間時，陸生是被邀請，甚至被逼成為「陸生」。此種被觀看的舞台意味著一切都將被放大檢視，並且解釋的話語權轉移到社會端，「他那個問題我只能回答是」，「進到他自己的世界」的經驗，是玨嘉被邀請帶著「陸生」的帽子，配合他人演的一場戲。「自我」被排斥在社會所形構的「陸生」之外，是激起玨嘉「情緒的不舒服」，項暘「逢中必反」的對抗的原因。此時，「陸生」的現身對「自我」的影響並非遮蔽，而是驅逐。

（二）抽身與跳入

當上述社會給出的「陸生」置身，與生活經驗的「自我」存有

無法統合時，陸生在日常生活中，會以抽離的方式，維護自我的安全與人際和諧等基本需求。然而，「一個中華民族」的政治歸屬，與身邊台灣同學的認同矛盾，使得政治性以問題的形式現身於「自我」的生活經驗。民族情感強烈地牽引陸生的「自我」跳入社會所供出的「陸生」位置。不斷地抽身與跳入，成為陸生生活中每日往返的日常生活。

1.抽身

> 我在台灣從來就不談論兩件事，第一是政治，第二是宗教，嗯，一個政治，一個宗教，這兩個是絕對不談的⋯⋯因為我有自己的歸屬感⋯⋯因為我練體育的⋯⋯如果在古代的時候都是戰場上的戰將⋯⋯都會感覺自己是那種俠客啊好漢啊，所以就感覺到，別人對我們怎麼樣，我心裡不差。但是來到台灣，有些學生他們會講（陸生來台灣是）什麼出國啊⋯⋯或者是一些支持民進黨的言論。我第一不理會，第一不理會，他只要不跟我較真，因為言論自由在台灣這邊，他只要不跟我理論，我就不會跟他理論。（邰之）

上述邰之的例子，展現了日常生活中陸生將「自我」抽身於政治事件之外的做法。絕對不談論政治的邰之，在自己的世界裡堅決地將社會給出的「陸生」位置拒之門外。面對言論自由的社會，邰之首先採取不理會的方式，不去觸碰社會中的政治性，將生活世

界劃分於「自我」的範圍內。其次採取不理論的應對方式,將自身
持有的差異的政治認同限定在「自我」的世界,而不走向「陸生」
的置身,對身處的社會提出挑戰。此時的政治性是自我的歸屬感,
而非社會給出的位置;政治認同作為自我的默會隱藏於生活經驗之
中,只有在遭到挑戰時,才會以問題的形式現身。

　　然而,正是由於「自我」世界中源於大陸的政治認同與台灣
社會給出的政治性,以矛盾統一的形式共同存在,因此上述將「自
我」絕對的抽身在「陸生」角色之外,是不可能完成的。當經驗的
事件直接挑戰到邰之的歸屬感時,政治性的爭論不再只是「陸生」
的置身,還以歸屬感遭到挑戰的問題形式,現身於「自我」的生活
世界。此時,邰之以一種戰將、俠客和好漢的「愛國者」身分自
居,背後隱含的是激烈的衝突,甚至戰爭。若生活經驗的事件超過
邰之歸屬感的安全範圍,他以不畏不懼的迎戰姿態現身。此時的現
身,便不僅是自我世界中的問題解決,同時也不可避免地踏上社會
給出的「陸生」角色。以下以邰之與一台灣學弟的聊天事件為例:

　　　你要說實際政治我只能這樣說,台灣和大陸就是兩個兄弟鬧
　　分家,(咂嘴)兩個兄弟鬧分家。但是還是兄弟,別人進來
　　的時候兄弟還是互相幫助,血濃於水啊……頭一段時間有一
　　個學弟,我們倆在聊日本問題……他是去日本學柔道的……
　　我跟他聊,他說日本幹嘛幹嘛的。我說日本在你印象裡面是
　　什麼樣的,我可能不太瞭解,但聽你話,感覺你是比較喜歡

日本⋯⋯但是在我感覺裡面，我對日本這個國家，我不是太喜歡。因為有可能是，日本當時侵佔台灣的時候，他把台灣當成自己的附屬島嶼，他沒有對台灣實行一些比較殘忍的侵略，使台灣人民對他有一定的好感。但是他在大陸實行的那種策略，是我不能接受的⋯⋯我們就在辯，他一直在說日本好，我一直在說日本不好，我們倆就在辯。辯到最後，「好啦學長，咱倆不是說那個」，我說咱倆就是純屬在聊天啦，各人有各人的觀點，然後自己爭論而已，不管是誰對誰錯，那都是在討論，今天完了就全部都忘了啊，就這樣⋯⋯這種討論它不影響我們之間的感情⋯⋯因為只有敢說，敢去表現自己的想法，人家才知道你是什麼樣的人；只有堅持自己觀點的人，他才是讓人受尊敬的。往往附和別人觀點，說日本好，這樣的人往往是最可怕的。（邰之）

因著日本對自己的不同意義，邰之不可避免地跳入了「陸生」的位置。看似並不涉及台陸政治認同的話題──對日本的觀感，卻因觸碰到邰之的歸屬底線，使邰之站出來表達自己的觀點，與學弟理論。矛盾的現身本是源於邰之歸屬感依靠的不在，是出自「自我」存有中的顯現。然而，一旦邰之以對立的觀點出現，日本「在大陸實行的那種策略，是我不能接受的」，邰之便同時跳入社會給出的「陸生」屬性；在與台灣學弟的互動中，邰之不僅是「自我」，還是「陸生」。

在此種「陸生」與台生的意義差異所帶來的衝突，不僅僅指向「陸生」的置身，還威脅著「自我」所需的人際交往的和諧。此時，郤之又一次做出抽身的舉動。「咱倆就是純屬在聊天啦，個人有個人的觀點」，郤之通過強調個人與個人之間的政治觀，試圖將自己抽身於「陸生」位置之外，以不至於威脅到「自我」的日常生活與人際交往。郤之甚至強調「今天完了就全部都忘了啊」，「這種討論它不影響我們之間的感情」，來強化人際關係和諧的生活世界。並且通過「只有堅持自己觀點的人，他才是讓人受尊敬的」意義導向，將爭執事件由兩岸政治差異轉向倫理道德的意義脈絡。

在上述經驗的敘說中，能夠看到兩次將「自我」抽身於「陸生」置身之外的行動，第一次是在日常生活中，通過對政治事件的迴避劃分安全的生活世界；第二次是當政治性威脅到「自我」的默會存有時，陸生通過轉向道德意義的理解，淡化政治差異所導致的衝突。然而，無論陸生如何努力地抽身，「陸生」置身都真實存在於「自我」的生活世界。當郤之說「實際政治」時，他所指向的是拋開政府政權運作的實際生活，或說更為具體的人與人的關係連結，與其相對的可以說是「官方政治」或是「國家政治」，是特殊的國家政權。「兩兄弟鬧分家」、「血濃於水」的政治歸屬，註定了陸生的「自我」有著主動「跳入」政治給出的「陸生」角色的趨向。

2.跳入

上述的抽身行為，在文和的經驗敘說中也有所展現。所有受訪者中，文和是年齡最小的，原本就早一年上學的他，大學畢業後直接來到台灣攻讀研究所。看世界的眼光還很單純，有著是非善惡的明確區隔，並總能抱著學習的態度面對生活中的細節。在訪談過程中，多次強調在台灣沒有什麼不適應，身邊的老師和同學都十分友好。可說著說著又提到一些政治事件的發生給他帶來的不快和衝擊。敘說的同時擔心此種不滿情緒被擴大理解或誤解，因而多次強調，在現實中是沒怎麼遇到過的。

> 首先說一下，就是對台灣整體的，政治環境的一個瞭解。這個是相對比較敏感但是大家都會比較在意的事情……在來之前也會想過說，來之後會不會遇到一些，比較不友好的人……但是來之後，現實中倒是沒怎麼遇到過。但是在台南也確實發生過那麼幾件事，就是讓我能感受到這種不一樣，那種政黨的感覺存在。就例如有一個是成大榕園的命名。當時就經過全校的人投票，想要取名為南榕廣場。但是因為歷史上成大有一位校友的名字……他好像是因為民主自焚了。但是，讓大家投票之後，最終沒有命這個名，因為有人反對，這樣命名會牽扯到政治，而學校裡面是不可以有政治存在……第二個事件就是，成大有個校區的名字叫光復校區，

我在這裡讀書的這四個月裡頭，有天晚上被人半夜偷偷把光
復兩個字給鏟掉了。據說就是因為有人覺得光復這兩個字，
有跟大陸親近的這種意識……第三個事件就是最近發生的，
台南的一個，孫中山的銅像被人拉倒的事件。這個事件是讓
我最震驚的一個事件。因為，對於台灣來說，孫中山不是應
該是國父嗎？他推倒蔣介石的像我可以理解，但是，推倒孫
中山的像我有點不能理解，也不太明白背後的那種意義在哪
裡，感覺應該是一些比較偏激的人做出來。（文和）

「相對比較敏感但是大家都會比較在意」，首先揭露了面對兩
岸的政治議題時，陸生有著不可迴避的趨向性。敏感與在意，是源
於發生的事件對陸生而言同樣具有意義，而這意義是與其所在的台
灣社會有所差異甚至對立的。是此種意義的所在，使得陸生無法置
身事外地觀看，而是奮不顧身的跳入社會給出的「陸生」角色。從
關注政治議題，與身邊的朋友表達自己對事件的理解，陸生已無可
選擇地將「自我」的生活世界置於社會給出的角色之中，而陸生的
日常生活行動，表達的觀點與意義，又都成為兩岸所共構出的「陸
生」角色本身。

在文和的經驗敘說中，對現實與非現實的切割是為自己建立
一個「自我」的生活世界，但同時文和又對「非現實」的世界如此
真實地跳入其中。第一個成大榕園的命名，是文和到台一個月左右
時，和班上的同學聊天時得知的。第一反應是「這不是有悖於台灣的

民主觀念嗎」，「於情於理都有點說不過去」。當下得到了台灣同學的支持，「同學也表示對這個事情有點不滿」。第二件「光復」兩字被鏟事件發生在深秋，文和路過校門口時親眼看到的。回到家後立刻上網搜索了這件事的新聞，也和身邊的陸生和台生交流討論，大家都對此表示「不理解」。對這一事件的評價，文和是這樣說的：

> 但是讓我有一點不太滿意的就是，直到現在那兩個字還沒有被弄回去。學校也沒有給出解釋，也沒有任何人給出解釋，也沒有任何人採取任何措施。感覺這個事件好像就是不了了之。就我看來好像是學校會認可這種做法。（文和）

如果說「光復」二字被人半夜鏟掉，是小部分政治偏激的人不光明的做法，那麼學校「不了了之」的態度則相應地代表了社會主流的聲音。對偏激做法能夠以「不理解」的態度接受其存在，但對校方的回應則有著不可原諒的不滿之情。

而第三個事件對文和的衝擊最大。當時正處寒假，在大陸過春節的他是在網上看到的新聞。由於當時不在台灣，失去了即時和朋友們談及的時機，後來也就沒有過多的與身邊的台灣同學討論。但超出理解範圍的事件，使得當文和再一次提起時，仍有很大的不滿情緒：

> 對於孫中山的這種偏見，我覺得還是比較奇怪的。而且，以這樣一種，怎麼說呢，算是比較幼稚的方式，來表達他們的

情緒，感覺是有一點極端。可能他們是，背後有人指使他們
這樣做。（文和）

　　整個訪談過程中，對台灣描述十分美好的文和，僅只這一次用
如此強烈的遣詞用句。如果說對這些人的做法持「極端」、「不理
解」的批判態度，那真正衝擊他的，更多來自「奇怪的」對孫中山
的偏見，「背後的意義」是至今仍在文和的理解範圍之外的事。
　　在文和的敘述中不難看出，即使文和一再強調「沒怎麼遇到
過」不友好的人或事，但對於「非現實」領域的不友好事件，文
和有著主動跳入其中的趨向。這種跳入其中，是由於「南榕」的命
名、「光復」二字被鏟，特別是孫中山的雕像，對文和而言都不僅
是客觀的事件，而是意義的所在，「孫中山不是應該是國父嗎」，
是大陸的觀看視角所帶來的意向性。此種意向性，使得陸生既無法
抽身政治事件避而不談，在面對時又有不知該如何去做的焦慮與無
力感，「這是個相對比較敏感但是大家都會比較在意的事情」。但
兩岸對意義的差異理解，卻在政治事件顯現的同時，對人際交往的
和諧造成挑戰。此時，文和進行了將「自我」從「陸生」角色的第
二次抽身，通過將關注焦點導向理性的尋求，如民主的規則就是服
從多數人的投票結果；以及道德的規範，如半夜做出破壞公物的行
為是不對的，而與身邊的台生朋友建立共識，認同彼此。然而，此
種普遍真理性共識浮現的同時，也淡化遮蔽了導致事件發生的，對
背後意義理解的分歧，如鄭南榕對台灣人的意義，兩岸對光復的不

同理解。

　　但是，第二次抽身是以「自我」的存有性為依靠，其底線即是對意義理解的不動搖。當事件的代表性（拉倒銅像是組織行為）及意義強度（針對國父孫中山）均超越了「特例」、「少數」時，彰顯普世價值、迴避意義分歧這一解釋迴路失效，導致事件發生的意義差異顯現，原本對意義的默會以問題的形式被具化到生活經驗之中，又被社會化約到「陸生」的角色裡。此時，陸生背後「一個中華民族」的認定，使得陸生無法迴避或忽視台灣人對意義的差異理解，「自我」的生活世界又一次跳入「陸生」角色。此種跳入最明顯的特徵即是情緒的出現，對南榕廣場的命名事件，文和的批判態度雖得到了台灣朋友的支持，卻仍認為「於情於理有點說不過去」；光復二字被鏟，文和對學校「不了了之」的態度「不太滿意」；而對孫中山雕像被拉倒事件，文和將之形容為「偏見」、「奇怪」、「幼稚」、「極端」，甚至提出「背後有人指使他們這樣做」，此時文和的不滿情緒已無法憑藉台灣同學的認可而彌合。

▌海底兩萬里

> 人類存在於世的基本境遇與課題——那就是身為人類的本能，人們無時不在自身所寓居的世界中尋覓一份歸屬與安全，並期望在與人互動的社會中找到平衡與和諧。
>
> ——高淑清（2001，頁273）

（一）內心的海底世界

海底兩萬里，既是陸生不熟悉的台灣社會環境，也是在陸生與台灣的遭逢中，內心複雜真實的，充滿矛盾的情感世界。日常生活在「自我」與「陸生」的共同關照下展開，「自我」與「陸生」的共在，既是遊走的空間，也是箝制的牢籠。一旦提到超驗的社會結構，陸生往往對在台求學過程中所面臨的種種不盡人意，表示十分的理解，如三限六不的設立，與身邊老師朋友的認同差異等。但生活無法僅以「陸生」角色完成，當回到「自我」寓居於台的置身時，突然喪失的歸屬與安全，小心維繫的平衡與和諧，使陸生只能被動地接受事件的發生。原本指引生活活動的原型理念，在台灣的新環境中無法得到滿足，或是因「陸生」的屬性被賦予了更多的意義，此時身處陌生世界的「自我」，有著種種難以言喻的內心感受。

1.海底的冷

> 寂寞不能以一個人離開他的同伴的里數來計算。
>
> ——Thoreau（引自徐遲，1982，頁159）

我和項暘是在一次台北的小型論壇上結識的。因議題涉及陸生權益，當天會場聚集了很多陸生。同樣從異地特意趕往台北的我和項暘，在會場有著截然不同的表現：我一直坐在角落吃晚餐，而他則游刃於會場中與不同人的攀談，像是在此生活已久。這樣一個性格開

朗，陽光帥氣的大男孩，卻在訪談一開始，便拋出了寂寞的話題：

> 好山好水好寂寞。好山好水就不用說了，好寂寞就是——有
> 些事是留學生都有的通病，不是說我們在一個母語的國家就
> 會出現改變——就是，交際圈斷層。因為我們以前在大陸相
> 處的時候，或多或少的，你哪怕去外省上大學，都可以遇到
> 同省的同鄉，這樣的話也會有一個交際圈的一個集成。但是
> 來台灣之後可以說是，基本上是交際圈完全斷層。如果對於
> 一個宅男的話，是比較合適，但其實我是一個比較social的
> 人，所以說會面臨到週末不知道找誰去幹嗎的一個問題。
> 所以說面臨生活模式上一個很大的改變，而且這個改變也一
> 定要求我適應……我來之後確實苦惱了很長一段時間，因為
> 我以前到週末的時候，都喊一大幫朋友出去玩，而現在不會
> 了……經過了大學這樣一個半社會的磨練，四年磨練之後，
> 我們的很多圈子可以說是以後一輩子的基礎，但是我們這時
> 候突然出來了。那些人不會跟著你一起出來，是不是。當你
> 已經習慣了，在一個社交圈裡面的定位的時候，並且你喜歡
> 這樣的一個生活的時候，突然把你從中抽離。當然別人沒了
> 你還是可以繼續過，你沒了別人就發現不行。（項暘）

　　突然離開了大學四年建立的朋友圈，隻身一人來到台灣唸書，
十分注重人際交往，自認為比較social的項暘，為新生活中交際圈

斷層的現象，苦惱了許久。為盡快適應新環境，建立在台灣的新生活，項暘一一細數自己所想到的對策。有想過要交往一個女朋友，可苦於身處一所理工科大學，女生較少，也沒能找到合適的對象。其次，通過參加一些陸生相關的活動、論壇，結識更多的陸生朋友。項暘這方面的努力得到了一些回報，生活中偶爾會與陸生朋友一起出去玩，一起吃飯；但可惜由於現實中沒有交集，在陸生朋友圈中也沒有交到特別好的朋友。最後，是努力融入在地人的圈子。這對項暘來說是個全新的挑戰，對台灣人並不熟悉的他，開始時完全不知道該用什麼方式跟人打交道。通過一次次的嘗試，慢慢發現在以兩岸為主題的沙龍活動中，有不少對大陸有興趣的台灣人，而且對大陸的評價也比較積極，比較能夠成功地結交到台灣朋友。因此開始更多地參與兩岸沙龍活動，在會場與散場後盡可能與大家多交流，認識更多的人。

為克服心中的寂寞感所做出的努力，也包括項暘和我相識的那場小型論壇。那天的夜晚，台北下著瓢潑大雨。為趕上班車，論壇結束後與大家聊了幾句，就匆匆離開的項暘，坐了兩個多小時的車才回到學校。為拓展交際圈，做出的這些努力在項暘看來都值得，「不然的話我千里迢迢跑到台北去幹嗎，我晚上回去都十二點多了！」。只是，在這些努力下，確實交到一些關係不錯的朋友，但按項暘的話說，「也沒有那麼好」。

離開原本熟悉的界域，對其他人而言只是少了一個朋友，但對留學生而言卻是失去了整個世界。被從中抽離的，不止是原本的交

際圈和生活模式，還有社會中的自我認同與定位。置身異位（out of place）的感受，是源自情感的疏離，也是與環境由熱絡轉冷落的心理落差（高淑清，2001）。此種失落，並不會因身處母語國家而彌合，而是源於歸屬與安全感的喪失，和在新環境中摸索重建的平衡與和諧。這種新的生活模式「要求」陸生適應，傳達了項暘的無力感，這種無力感可以在眾多有關留學生的研究中得到支持：「儘管她經常是獨自一人，而且感到非常孤獨，可是猶如『走入了死胡同』的失落感和絕望的心情使得她不願意和任何人交往」（陳向明，2004，頁245）；「沒想到忙碌的表面更襯托出空虛的內心深處」（高淑清，2001，頁252）。

　　然而，有些陸生文獻指出，陸生由於語言相通，在學習及日常生活上大多適應良好（李逸雲，2011）。但實際上，陸生正因語言相通，卻仍面臨新生活中交際圈斷層的現實，而更感寂寞。失去了「語言不通」這一強而有力的歸因，卻又不得不面臨無法改變的現狀，陸生容易出現對環境的抵觸心理：

　　　　台灣人其實對待其他人會很客氣，也會很有禮貌……我也是他們對我的方式對他們。就是每天見你會問好啊，而且大多數時候是微笑的……見面也會微笑，有一些雞毛蒜皮的小事也會互相幫忙，但我們不會聊到很深的話題……我們互相會非常禮貌和客氣，不會冒犯對方，而且互相都感覺很nice……但是我們不會講一些內心真實的想法……這樣的話

我們都是面具上的非常好的朋友，但是不會跟你講內心的真話……所謂看起來很客氣的狀態是因為，人生來這個社會上就需要有禮貌……但不能把這種客氣當做感情，不能把這種禮貌當做感情。（項暘）

台灣同學就是，嗯，加油！就萬金油的加油。我作業好難，哦加油！我心情不好，哦加油！就跟那句話是，我今天生病了，啊多喝水多休息。我就很討厭這樣的話，有點沒有人性的感覺，就是真的很禮貌看起來啊，但蠻難接近的。所以我跟他們的關係更多保持在一個嗯，就很禮貌很客氣，但是真的讓我蠻遺憾的是，沒有交心。（尤佳）

以「不能把客氣當做感情，不能把禮貌當做感情」，看似表達了項暘強烈的不滿，背後的感受，是項暘感到自己付出了真情實感，卻只換來表面的禮貌與客氣而受傷。對朋友的原型理念是相互涉入的生活，私密觀念的分享，並且項暘是在這一理念的指引下進行日常生活的行動。然而，當項暘來到台灣，原本熟悉的人與人的交往方式不再，取而代之的是禮貌與客氣，不冒犯也不深入。對朋友的理念，不可能在短時間內轉換為台灣模式，但現實中陌生的處境與原本的理念不再相容，卻使得項暘產生了消極的感受，甚至抵觸的情緒。「客氣」和「禮貌」的狀態，不但沒有讓項暘感受到為新環境所接受而降低寂寞感，反而是一種「人生來這個社會」便具

備的禮儀，一種維持表面和諧的「面具」。雖然可以為「雞毛蒜皮的小事」互相幫忙，但也界定了談話的內容是「不會冒犯對方」的話題，而不涉及個人的隱私或是內心的真實想法。用「他們對我的方式對他們」，是項暘受傷後的放棄心理，不再向外找尋原型理念中的朋友，而是回到自己孤單一人的世界。

而在尤佳的經驗中，雖尤佳一再強調台灣人的友好善良給她留下了深刻的印象，但當原型理念中自我對親密的朋友，靈魂的碰撞的需求，在新環境中沒能得到滿足時，台灣人的加油鼓勵對尤佳而言，甚至是一把將她拒之門外的利劍，有點「沒有人性的感覺」。與項暘相同，尤佳也走向與周圍人保持禮貌與客氣的關係，但這一難以打破的距離，卻始終橫亙在尤佳心中。

無法改變的環境，與短時內無法調整的原型理念，使得陸生的寂寞感難以消解。項暘最後說出，「不能把這種客氣當做感情，不能把這種禮貌當做感情」，是在求而不得後退回自己的世界，對社會擲以負面評價的受傷者的自我安慰。

2.海底的暗

怎樣一種空間才能把人和人群隔開而使人感到寂寞呢？
——Thoreau（引自徐遲，1982，頁157）

在台灣求學的兩年，每當我在課堂上需要針對兩岸或是大陸議題報告或發言時，我總會盡可能地向同學強調，報告皆為我的個

人觀點,不代表任何人。因此當玨嘉說:「要我代表大陸人我也代表不了」時,我能感到話語背後的無奈與無力:無奈於我只想做自己,卻被推上「陸生」的位置;無力於生活的現實中,我的確代表不了。因大陸的龐大地域,「陸生」標籤似乎賦予了「陸生」太多超出個人經驗之外的屬性。而無論這一現象是否與陸生的個人經驗相符,情境和事件又會將現象與陸生緊密捆綁。若台灣人對大陸的某一現象有褒貶的價值判斷,這一捆綁便會令在現場的「自我」產生強烈的被排斥在外的距離感,從而產生抵觸情緒。

　　那次課後聚餐,那個(台灣)同學可能終於忍不住了,想要聊一些就是有關政治的話題。然後他是說,「好,我知道這麼問可能不太好,但我還是想問」,這樣的一個開頭。然後說:「你覺得台灣是中國的一部分嗎?」我當時就說:「你指的是哪個中國,中華人民共和國還是中華民國。那你們中華民國還以為大陸是中國的一部分嘞。」然後他就開始聊大陸的情況……就是像他們印象中的那種專制、封閉、不自由、人民生活的很苦怎樣怎樣怎樣。然後還有,雖然我不爽,可是另外一個同學啊,可能去過大陸的一些地方旅遊,然後他就開始說:「啊!大陸的廁所是沒有門的!」然後其他人就開始:「廁所沒有門,怎麼可以。」然後就以此推論開來,就說大陸有多麼落後,衛生有多麼差之類的。我反覆就跟他們強調說,你們指的大陸其實不是一個完整的概念,

你們只是管中窺豹地看到了一部分而已。那中國這麼大，它差距很大啊，東部地區發展的很好啊，但是西部地區也有很落後的地方，這個我承認啊。所以你們不要以你們看到的少數的部分，來推論整個中國大陸是怎麼樣的。但是沒有辦法啊，沒有辦法扭轉他們對大陸的那種很嫌棄的語氣，很嫌棄的偏見啊，沒有辦法……所以我就會覺得說，既然台灣人這麼嫌棄大陸，所以他們平時對我那種禮貌的感覺，是不是裝出來的。因為你們嫌棄大陸啊，而我是大陸人，你們肯定還是會對我有一種，不一樣的眼光啊……可能平時能夠保持得很禮貌的一個態度，但是誰知道你們心裡是怎麼想的。所以說那個事件之後，我就有一段時間實在是，不願意再去結交新的台灣朋友了。（李贄）

　　從台灣同學想問又不敢問的問題說出之前，李贄就已經被邀請到「陸生」的角色，並被置於議題的大陸端。「他們印象中」的大陸，在李贄看來是以偏概全的推論；但當去過大陸的台灣同學出現，以事實強烈地佐證這一觀點時，在現場的大陸與李贄原來的生活世界並不相符。為澄清在自身生活中大陸的不同意義，李贄跳入「陸生」的角色，積極地表達、發言。「但是沒有辦法啊」，當陸生的聲音沒能在現實中取得話語的權利，陸生的自我世界被排斥在對話的空間之外，陸生感到受傷的同時，也會產生不滿的情緒。台灣同學開始拋出是否認為「一個中國」的問題時，李贄還試圖通過

模糊「中國」的概念而化解自身與他人的區隔；但當台灣同學提出「大陸的廁所是沒有門的」時，本應更為模糊的界限（廁所有沒有門），卻因李贄感受到「嫌棄」與「偏見」而加深，立刻以與台灣同學對立的「大陸人」自居。「沒辦法扭轉他們對大陸的嫌棄的偏見」，「肯定還是會對我有一種不一樣的眼光」，是李贄努力而無法改變環境後的無力與受傷。受傷後的李贄，「有一段時間不願意再去結交新的台灣朋友」，與項暘相同，退回到自我的世界，甚至主動建構起「你們」與「我」的區隔，加深使自己受傷的兩岸的隔閡。這種區隔甚至因憤怒的情緒而泛化，將「你們嫌棄大陸」等同於嫌棄我，甚至推翻以往的個人經驗，不確定台生「心裡是怎麼想的」，「是不是裝出來的」。可見，陸生內心構築的隔閡，並非完全來自差異的認同，而更多源自情感上的受傷，源自被活在「他們印象中」的世界的排斥感。

（二）學游泳的駱駝

> 理解了，一切都能原諒；
>
> 原諒了，一切都能理解。

——陳向明（2004，扉頁）

雖面臨遠離熟悉的界域所產生的寂寞感，與兩岸對立的政治認同橫亙下不可逾越的鴻溝，但是受訪的多數陸生都嘗試著尋找解決的方法，更有陸生堅持積極地對話態度，努力打破兩岸的隔閡。然

而，情緒的建構源自環境中的真實感受，而想對其進行解構，卻需要陸生不斷拋棄自我原本的觀念，甚至站在原型理念的對立面，對自己進行持續的批判。

珏嘉是所有受訪碩士生中，唯一一個成了家的。自大學時期就積極投身「農民之子」社團，並結識了幾位台灣教授。在工作四年後感覺不到自己的成長，抱著想趁年輕去世界其他地方看看的想法，申請了台灣的研究所。剛到台灣時感覺「好像很適應」，因為語言的障礙並不存在，但隨著生活中的一些細節，慢慢發現這還是一個「陌生的」，需要重新去適應的環境。

個性開朗的珏嘉，在以前的生活中從未刻意地去交朋友，但每當到一個新環境中，總能很快地就找到「深刻」、「放鬆自在」的朋友。但到台灣一個學期後，回顧自己的四周，雖有很多「友善的朋友」，但仍感覺自己和身邊的人之間有一個距離。於是開始追問自己：為什麼來台灣後，不像之前那麼容易交到深刻的朋友？有很長一段時間都處在自我糾結中，甚至懷疑「是我出什麼問題，所以交不到朋友」，是不是因性格不夠溫柔，容易給人壓力之類的想法。直到與其他陸生交談時發現，很多陸生都有類似的狀況，才慢慢卸下自我責備的個人歸因。與另外兩位朋友，想著自己已經經過大學四年的適應歷程，仍需花很大的力氣來適應台灣，那麼「那些大一來的孩子會更艱難」，因此積極成立了一個陸生團體，通過陸生下午茶的形式，與其他學弟、學妹分享在台求學生活，希望能夠幫助大家更好地適應新環境。

玨嘉積極的態度，使得她在生活中有著迎難而上的韌勁。同樣因距離和隔閡感到受傷的她並未就此止步，將自己封閉在自我的世界中，而是將此作為行動研究的研究主題，與身邊的台灣朋友共同探索這一距離和隔閡究竟是什麼。反服貿期間也盡可能地去參與，從開始時走在人群中不敢講話，「不知道被識別出來會怎樣」，到嘗試著在小組討論中發言，直到最後在反服貿現場作為小組帶頭人，親自引導一個小組討論。一步步嘗試性的溝通與交流，使玨嘉更多認識了台灣對中國的複雜情緒，更慢慢理解了由於政治所形成的人與人之間的距離：

> 台灣同學在接觸我們的時候，就不像是接觸台灣同學那個……我們更像是，兩個群體的人……在他們沒有跟你認識之前，他們最先使用的肯定是陸生這個標籤……（認識你之後）就是你是對岸來的一個，跟我有著不同的歷史文化跟現有的國家制度的人……陸生標籤……這個詞對我而言……沒有那麼貼切……我覺得他們看待陸生，我感受到的沒有帶有特別多的貶義之類的，就比較多是一個距離……我感受的就只是一個距離，也並不一定是奇怪。（玨嘉）

　　由開始時因「距離」而苦惱甚至自我懷疑，到能夠說出「就只是一個距離」，是玨嘉邁向距離的另一端的第一步嘗試。拋棄距離的「貶義」傾向，而更加中性地承認距離的存在，不對其賦予價值

的判斷，體現出珏嘉首先放下敵對情緒，正視和思考這一距離的行動。「不一定是奇怪」，是珏嘉克服從自我的觀看角度理解對方的侷限，也是邁出自我的生活世界的展現。而隨後對距離的接納，則根植於珏嘉對台灣人的深刻理解，也為進一步跨越這一距離奠定基礎。

> 本來人跟人之間就有距離，但是如果你是台灣同學我是大陸同學，那個距離上就多了一重國族帶來的不瞭解或者奇怪情緒……如果沒有這個國族帶來多一層，好像我們更容易手挽手。但是有國族這個，好像就在出手去牽你手的時候會更多顧慮。但是一旦有某一個途徑，我們決定瞭解對方更多，找到共同的一些鏈接的時候，那個也是可以被穿越的……他（台灣同學）也是比較勞動家庭出身，我也是，所以我就覺得這個東西跟他是相通的……其實也許不從先分辨清楚我們由國族來的隔閡是什麼，而就是先更多瞭解彼此的生活。（珏嘉）

　　能夠將此種國族帶來的距離，置於人與人之間的距離的框架下，是對自己與台灣同學之間距離的進一步接納。站在更高的視角看待兩岸國族隔閡時，能一定程度上承認並暫放差異的存在，更多地尋找人與人之間相通。「先更多瞭解彼此的生活」，在蔣青與身邊台灣朋友的交往過程中也有體現：「現在跟大家都熟悉了，大家

看你的眼光就不會是你是大陸人，而是你是你」。這種通過分享更多個人的東西，而建立在人與人之間的緊密連接，是穿越不同文化，跨越隔閡的關鍵。或許，人與人之間的差距遠比不同國族，不同文化之間的差距更大。

然而，理解二字看似容易，卻是根植於對他人的深層的關懷與愛。經歷了痛苦掙扎的珏嘉，不僅放下了對境遇的抱怨與顧影自憐，努力地走出困境，更進一步將理解化為對更多陸生的關懷，與對台生的尊重：

> 我跟他（台灣同學）對話，其實我也可以更清楚那個距離是什麼，他也可能能把那個距離或者是隔閡辨識得更清楚，哪些是真實可以共享的，哪些其實是被媒體或者什麼營造出來的，根本跟兩岸的普通人沒有關係，本來我想做這個……他其實看到自己是在緊抓住那個恐懼不放，就是台灣存在的各種生存的焦慮，他要找一個出口……跟他對話完之後我看到這個，其實我就覺得，我為我自己瞭解台灣的恐懼擔起責任，但是台灣同學要不要擔這個責任，我就不要成為逼他的力量。（珏嘉）

人與人的接觸，和對話的展開，使得珏嘉有機會走進台灣同學的「自我」的世界，看到同樣在「自我」與「台生」之間掙扎徘徊的另一個個體。「他要找一個出口」，真正的理解不是為「陸生」

角色的給出找一藉口,而是能夠暫且放下在「自我」與「陸生」的夾縫中的情緒,用心去感受來自另一個世界的完整。面對陸生的台生,又何嘗不是被迫將「自我」的生活置於「台生」的社會角色,帶著生活中的焦慮縱身跳入兩岸的政治對立甚至威脅之中的,另一個活生生的個體。

　　因著此種對他人的深刻理解,珏嘉不再企圖通過對話逼迫台灣同學辨識距離與隔閡,提出「台灣同學要不要擔這個責任,我就不要成為逼他的力量」。如果朋友想要去拆解那個恐懼,十分願意一起面對,但不會主動去成為「逼他的力量」,體現了珏嘉豁達的包容態度,也是她給予身邊同學最大的尊重。如《論語》開篇提出的,「人不知而不慍,不亦君子乎」,只有我們作為一個個體深刻地活過,才有可能去理解另一個個體;對於我們所經歷過,而他人沒能理解甚至誤會的,我們學著坦然地接受;面對每個人都擁有的自己獨特的生命歷程,我們時刻保持謙卑。也如柴靜(2013)《看見》中所說:

　　　　寬容不是道德,而是認識。唯有深刻地認識事物,才能對人
　　　　和世界複雜性有瞭解和體諒,才有不輕易責難和讚美的思維
　　　　習慣。(頁274)

第五章

生：斷尾的壁虎

我們總苦苦搜尋某些東西，卻永遠搜尋不到，但它卻清晰地存在，因為它早就為它自身設基在那裡。

———余德慧（2001，頁121-122）

我們的自我，是過去所有活過的經驗的總和。過去的歷史性以整體的形式給出理解，卻又在每一個經驗當下完全地展現自身。時間是心理的深度，是陸生在時間的給出中不斷地與台灣遭逢，不斷地有事發生。這些遭逢，既是在空間中陸生的自身顯現，又在轉瞬即逝中成為陸生自身。

▌斬斷

> 這裡就是1Q84年的起點，青豆想。通過這個避難階梯，走
> 到下面的二四六號公路上時，我的世界就被調換了。
>
> ——村上春樹（引自賴明珠，2009，頁337）

　　村上春樹的小說《1Q84》，女主人公青豆順著避難階梯往下爬，於是不知不覺間來到了有兩個月亮的1Q84的世界，從此的生活不再是以往的1984年。電影《全面啟動》，里昂那多飾演的角色和妻子在夢境中建立起新的生活，一個陀螺永遠不會停止的世界，可惜妻子在夢境與現實中迷失了方向。

　　在台灣求學的生活，感覺同樣像是穿越到不同以往的另一個平行時空。原本以為只是物理距離上離開家求學，隨著時間一天天逝去，才驚覺世界不知何時被調換了。與家人打電話，或是假期回家，與其說是同原本那個世界的聯繫，不如說是在當下時空中的一種特殊寄託：生活與家遠不是一張機票足以跨越的。或許並無

《1Q84》中的真實與虛幻，也無《全面啟動》中的現實與夢境，有的只是與原本生活的錯置，在另一時空的構建，像是兩個平行的世界，多重宇宙。《1Q84》中的兩個月亮，《全面啟動》中的陀螺，陸生進入這個時空的標誌便是兩個字——台灣。

（一）斬斷的尾巴

陸生來台求學的成本，不只是大家爭相議論的三倍學費，也不是大陸與台灣的物價水平。真正的成本，是陸生失去的原本的生活世界。斬斷的尾巴，既是大陸的親友因經歷的不同，對遠離的陸生的拋棄，也是陸生對過去的自己主動的捨離。告別了舊有的肢體，陸生來到台灣，一切從零開始。

1.被拋棄的開始

> 我就想：至於嗎？不就是換個地方讀研究所嗎，至於嗎！而且她對台灣的高等教育的情況也不瞭解。（李贄）

在北京念大四那年，由於提交論文等各種事宜，李贄逐漸與學校辦公室的老師熟絡起來。大四上半學期，李贄正全力以赴地準備參加中國全國碩士研究生入學考試，並準備報考本校研究生。在去辦公室交材料時，辦公室的老師問他說畢業去哪。李贄回答說在準備考研。老師表露出些許不屑，說「唉呀，考本校的成功率也沒有那麼高，考不過外校的」。另外一位行政部門的老師的反應，按李

贊的話說是，「很看不起那些本校考研的同學」。或許是長時間在學校工作，導致老師們對本校的評價都不高。然而實際上，李贊所報考的系所可以說是中國該領域最好的系所，當年該系考研錄取率僅為6.96%。

　　然而，李贊最終差3分沒能考上。受挫是一定的，但更多的壓力來自親友師長的失望，更確切地說是對自我的失望。為了大學畢業後能尋求更好的出路，也為可以讓自己繼續學習而努力，李贊在短暫地調整情緒後，立即開始寄簡歷找工作，同時也投入了台灣研究所的申請。在剩餘不多的時間裡，李贊成功地申請到台灣同一專業的研究所，也得到一間公司的工作邀請。與大陸的研究所擦身而過後，李贊需要面臨的，是開始工作還是繼續升學的人生選擇。

　　當李贊又一次到辦公室時，同　位老師忘了之前的對話，又問到說「小夥，畢業去哪？」。這次李贊隨口一提，說被台灣的學校錄取了，可能要去台灣讀研究所了。老師立刻回應說：「不錯耶，有出息！」老師的回答明明是讚揚，但前後兩次回應的落差，卻讓李贊有些反感。李贊心想：「至於嗎？不就是換個地方讀研究所嗎，至於嗎！」

　　明明是由貶到褒的評價，為何會引起李贊的反感？在辦公室老師兩次的回應中，她對學生發展的評價逐步顯現：到台灣唸書比在大陸唸書好。當她理所當然地活在此種默會之知時，她摒棄與忽略的是李贊作為主體的存在。李贊全力以赴的考研過程，申請研究所的具體情況，還有更為根本的，李贊堅守的對知識的渴望和求學的

熱情。老師的讚揚僅來自她對「台灣」二字的想像，但這讚揚對李贄而言，卻意味著被拋棄的自我。

　　陸生從接到台灣研究所的錄取通知，或是之前的申請過程，甚至自更早時瞭解台灣大學的招生情況的那一刻開始，就已無可選擇地步上了一條「陸生」之路。這條路是在原本的生活世界之外，於陸生與其親友而言都陌生的。這啟程是身邊親友將原本生活中的人，放入他們對台灣的想像世界中的過程；也是陸生被拋棄在親友的世界之外，必須獨自面對的一人的旅程。

2.割捨自我的勇氣

　　邰之從小習武，曾獲中國全國散打冠軍。因出色的專業成績，高考時被保送到全國該領域最好的北京體育大學。大學四年為學校掙得各大項比賽的榮譽，因而獲得可以不需上課就能拿學分的特權。大學畢業時由於家中變故，為幫家裡分擔患胰腺癌的外公的醫療費用，放棄了保送升入研究所的機會。他選擇留在北京，做一份相對高薪的私人保鏢的工作，承擔起家中的重擔。外公去世後，始終堅定想要繼續學習的他，放棄了老闆加薪挽留，踏上了台灣的求學之路。在他身上有著傳統習武之人謙卑溫和的性格特質，又帶有鄰家男孩的親切與幽默。他對自己以往的成就總是輕描淡寫，如不特意問起，恐怕想像不出他的一身功夫。這樣一個帶著英雄色彩的邰之，卻一坐下來便開始說自己的不足、與台灣同學的差距：

第一次上課的時候，看老師佈置英文的閱讀，傻眼……我有一段時間，剛開始的那段時間我在濫竽充數知道嗎?!剛開始第一學期，我有修教育學系的必修課，老師給的全部都是英文paper，一看英文paper，我就懵了……然後因為要分組去導讀，我一看都離我遠遠的，因為我們一個班就我一個陸生嘛，他們都比較認識啦。然後就很孤立……剛開始看他們做導讀，因為他們要把英文paper翻譯出來，裡面找出重點，然後再講它的意義，然後再自己蒐集一些資料，然後補充這些。看完以後知道怎麼做了，但是回去看英文paper，我就暈菜了。什麼都看不懂，都是專業術語，它不像大學教的那些英語，大學教的英語那都是一些平常交流的語言……然後我就天天看這些詞，在上課的時候聽他們講，記住一些關鍵詞，再回來看自己的paper，只要把關鍵詞找對，自己翻大概意思差不多就行了……因為可能我是慢熱型的，慢慢要進入這個環境當中，就也要走一個很漫長的過程，真的超級不懂，我感覺我碩一第一學期的時候，那是傻子一樣。真的。
（邰之）

沒有親身經歷過大陸高考（高等學校招生全國統一考試）的人，可能很難想像其中的壓力。決定學習藝術或體育類的特長生，往往從很早開始就放棄文化課的學習，而全心投入專業領域的訓練。也許這樣說過於武斷，但從邰之專業領域的成就，大概就能想

像出他放棄文化課學習的時間和程度。專業方面的不足多少可以通過投入更多的時間而補足，但從未想過台灣的英文化程度是如此的他，在一入學便面臨了最大的難題。別的同學一天就能搞定的文章，邰之需要抱著字典逐字逐詞地查找，連續三天夜以繼日的學習，卻仍不能確定自己的理解是否正確。除了留心和學習同學們的導讀，一點一滴地彌補與標準的差距，他別無他法。看著同學們「都離我遠遠的」，除了被孤立的感受，更深的恐怕是對自己無能的強烈譴責。

　　這樣的邰之，很難將他同過去那個站在領獎台上，帶著全國散打冠軍光環的明星聯繫到一起。實際上，邰之的名字即使在台灣的散打界，也有一定的知名度。一次邰之和教授一起時，有一個教授以前的學生來找教授討論事情，教授引薦兩人互相認識，說到這是已經畢業的學姐，這是大陸學生邰之。學姐聽到邰之的名字，很興奮地說：「你是不是那個帶散打隊訓練的邰之？我早就聽說你啦，你超厲害的！」引得邰之十分害羞，不知該如何回應。這些專業上的榮譽，邰之不會過多提及，對遇到台灣學姐的事，邰之只調侃一句，「不是粉絲，只是以前都是看死的，現在突然見到真人了」，就輕描淡寫地帶過。

　　來台求學，對邰之而言便意味著主動摘掉冠軍的光環，面對自己最不擅長的文化課。有著一身專業的他，若選擇技戰術的分析為畢業論文的主題，十分輕鬆就能夠畢業。但邰之偏偏選擇了自己所不熟悉的體育教學法；究其原因，是由於自己從小練習國術散打，

大陸教練的訓練方法和教育方法都過於傳統、落後，而邰之來台灣就是想學東西。是這樣的信念，支撐著邰之毅然地放下原本專業上的光環，重新走進教室，面對自己短處與不足。「濫竽充數」的學習狀態與來台求學求知的初衷相去的距離，滿滿地書寫著無奈；而「傻子一樣」，指的也不僅僅是學業上的差距，而是無論自己如何努力，都無法在短時間內達到要求的無力和失落感。當一人在異地求學，任何一個超越自身能力範圍的困難，都可能具有摧毀性的打擊和對自我的根本性的動搖。斷尾的意義，不止是遠離安穩熟悉的生活所帶來的不適，還有主動放下自身優勢與所長的勇氣，以及走進新環境，做一隻殘缺的壁虎的痛。

（二）無尾的生活

斬斷的尾巴並非瞬間便能生長的，新的生活也無法立即得以展開。別人的完整映照出的自身殘缺的痛，以及曾經的肢體的不在，於心底烙下的空洞，是陸生度過的最真實的無尾生活。

1.無尾的痛

決定來台就學，不僅是放下原有的光環，還有面臨新環境中，逐漸顯現的自身的殘缺。原有的環境所形塑的不足，不止是特長生邰之，而是每一個來台陸生都需要面對的。

國內（大陸）用的就是過時的東西，和世界接不了軌。你就

是再好，出去別人不用你，沒用。到這邊他們會介紹很前端的東西，他們會介紹到3D電板，3D打印機。你看過那個《十二生肖》沒有，成龍演的，他們有一個很屌的東西就是，一個手套，杯子，套一下，然後這邊一個打印機，一分鐘，一個杯子就出來了。表面陶瓷是吧，做一個噴漆，拿到這來跟它一模一樣，以假亂真……我們老師就教這個打印的過程。真有這樣的東西，我們實驗室就有一台……然後我們老師還教奈米科技，都教前沿的東西啊，你學了都是新的，就是有用的。我會發現這邊老師教的東西，真的是很前沿的東西，真的是和國際接軌，這東西你是學到馬上就有用，而不是說你去學換個機器，去調那個系統，怎麼樣可以使它省一些油。調到最後別人拿一個那個奈米圖出來，跟你說，這個才叫省油，你那個東西早就過時啦……因為整體大家都很過時……現在船舶行業，中國，我說大陸啊，到現在都沒有一台自己的啟動機。啟動機自己不能設計啊，然後……多級推進美國不賣給你，美國他不賣給你。所以我們的船一直開不快……它根本就追不上別人的船，我就這麼跟你講吧，美國的航空母艦在這邊走，我們的船，想打它，朝它追，越追越遠，它航母跑的比我們快……就是你的那個推進機，就是不行。那現在研究不會，怎麼辦，你學的是落後的東西，你學不到最前沿的東西，教授這就不會，你就不會你怎麼教，你就是不會你怎麼教，你沒有那些軟件，你沒有那些模擬，

有的東西，蘇聯就賣給我們是吧，我們學他的東西，蘇聯技
術資料不給，只給圖樣，圖樣你可以模仿，所以歸根結底執
行的不夠前端。那麼你想，從這個時候再爬起來很難，很困
難。（滿有）

　　眼睜睜的落後，是陸生在新環境中，看著別人漂亮的尾巴，而
自己卻殘缺著的痛。滿有口中的3D打印機，在大陸為數不多的重
點大學裡，全校大概會有一台，學生若想使用，恐怕是難上加難。
而在台灣的研究所，一間不到10人的實驗室裡便有一台，學生隨時
可以申請使用它做實驗，老師也樂於指導傳授相關的專業知識。真
正看到與國際接軌的技術，以及優渥的環境中對這些技術的滿滿的
學習機會，滿有才感受到衝擊，以前再怎麼學都是落後的東西，無
論怎樣努力都無法追上別人的腳步，反而是越追越遠。自身的殘缺
來自原本生長的環境，想通過自身的努力改變環境的烙印，甚至改
變落後的環境，在現實中卻「很難，很困難」。「就是不會」，
「就是不行」，滿有的訪談過程中一次次重複著這些話，那是面對
現實的無奈，與對自身不及他人的憤懣。
　　這種無奈與憤懣，對項暘而言簡直就是「晴天霹靂」：

在本科那種教育都不好好讀書，那真是跟別人，跟同齡人差
了太多。出來看了一下其他同齡人的教育，我覺得，他們的
教育模式都比我們好，我本科還沒好好讀書，這樣差別好

第五章　生：斷尾的壁虎

大，更加認清楚現實吧⋯⋯豈止是個打擊啊，簡直就是晴天霹靂。我們來了之後發現，簡直就是，這邊基本上除了說話以外全英文環境啊。當我上大學以前，在高中就覺得，大學聽說他們那邊英文用的很多，我還很擔心，如果英文不好怎麼辦。後來發現，靠，全是中文的。因為我覺得用英文的原版教材，比中文譯版真的是好很多。它不僅僅是培養你對這些專業單詞的瞭解，而且，在理會這個意思的時候就完全不一樣，因為有時候，翻譯的時候會把一些原汁原味的意思翻掉，是沒有保留的，這個就完全不一樣。（項暘）

上大學前對英文授課既「擔心」又「憧憬」的情結，源於項暘對大學高水準、專業化的期待。但大陸的教學現狀，令項暘感到失望後，很快地就被輕鬆過關的惰性所取代，適應了大學的學習環境。安於現狀的四年大學生活，在來到台灣，看到台灣的學術水平後，給了項暘震撼的一擊。「完全不一樣」的，不止是英文原版或中文譯版，還有在兩種教學環境下培養出的學生的差距，用項暘的話說，「這簡直就是天壤之別」。與同齡人相比，本就生長在落後的教育模式中的現實，讓項暘更加沒有理由不去努力。

只是，項暘雖然努力地要做出改變，但經過大學四年輕鬆的學習，想要重新建立起良好的學習習慣，卻需要不斷與自己的惰性鬥爭。經過兩個學期的努力，項暘才慢慢地調整過來，找到一些學習的感覺。但與自己的理想狀態仍有差距，項暘表示還要繼續地努

力，慢慢地改變自己：

> 我發現我的狀態非常不大好，不滿意。為什麼？因為我大學
> 四年啊，已經習慣是處於一種上課不聽講，然後考試抱佛腳
> 的狀態。來台這邊我發現，就是雖然想努力做出改變，有的
> 時候還是，聽著聽著不知不覺地掏出手機來了，簡直就成了
> 一種條件反射，雖然會比較努力，但卻是也是，有時候還
> 是，會覺得一不小心就成了以前的狀態，不過好歹比以前好
> 一些了，因為學完之後雖然有一些上課沒聽，但後來通過考
> 試複習，也是把它弄懂。但還是，我覺得跟我理想中的狀態
> 還是有很大差距，還是要慢慢去改變，畢竟我覺得，前面四
> 年內，浪費時間太多了，而且把自己搞成了一個，不會學習
> 的人了。所以我覺得蠻後悔，大學唉，過得太，太荒唐了。
> （項暘）

　　一再追悔自己荒廢了四年的學業，感慨大學過得「荒唐」，是
項暘心中悔恨卻無法彌補的過去。來台後所看到的種種差距，雖讓
陸生驚覺殘缺的肢體，也經歷短時內無法彌合與完滿的痛，但陸生
對展現殘缺的新環境，絲毫沒有抱怨與氣餒，反而流露出讚揚與嚮
往，並激勵自己加倍地付出努力。比起安逸的學習環境，陸生更傾
向有挑戰，能獲得學習和成長的磨練。差距與衝擊，從不是陸生抱
怨的藉口，而是奮身奔跑的動力。

2.生長的起點

　　「在大陸」與「在台灣」，從他人的眼光裡看到的是物理距離的移動，然而對主體而言卻是兩種生活的轉折。這一轉折並非隨著陸生走下飛機，踏上台灣的土地的那一刻立即顯現，而是隱藏在台灣作為異地的新鮮感背後。然而，當未知變為已知，新鮮感褪去，異地的新生活與全然不同的社會環境，要求陸生重新尋找自我的安放方式。

　　追求新鮮刺激，討厭一成不變，喜歡人生充滿挑戰的尤佳，在北京工作了兩年後，因感到工作場域已很難讓她學習到新的東西，而開始積極尋求出國留學的機會。考量了眾多因素後，申請到台灣的研究所並如願以償地轉行到城市規劃專業。異地的新鮮感僅維持了兩個月左右，尤佳需要在南部相對平靜慢節奏的環境中建立新的生活。

　　　　我覺得現在可能看書跟看電影是主要的，夜市都懶得去逛，
　　　　儘管我們家離○○（夜市）只有三分鐘路程我都很懶得去
　　　　了，我會覺得沒有什麼想吃的……如果你處在新鮮勁的時候
　　　　就覺得，還蠻好的我喜歡這樣做，但是你做了兩個月就發
　　　　現，每天都是這樣就真的不想去了……現在就沒有什麼啊，
　　　　就去○○玩一下，然後就沒有什麼啦，就逛夜市，夜市你逛
　　　　了三次之後，就發現，每個夜市攤都是一樣的……就是覺得

沒有很有吸引力。當然也很喜歡，因為這樣我是很平靜的，就是你可能沒有那麼多誘惑，可以看完幾本書。在北京的時候我看不完，北京的時候就是覺得每天都有新鮮事情幹啊，每天都要去搞東搞西，反而是蠻受干擾的。（尤佳）

在尤佳初到台灣的兩個月中，過往的生活經驗與當下的異地生活是同時展開的。「處在新鮮勁的時候就覺得，還蠻好的，我喜歡」，此時的尤佳雖已生活在台灣，卻仍是那個「北京的尤佳」，那個做著一份相對穩定的工作，期待著生活有所突破的，追求新鮮感的女孩。台灣意味著異地，意味著不同，它是以「北京之外」的意象出現在尤佳的生活之中。

然而隨著時間的積澱，「逛了二次」、「做了兩個月」後，「北京的尤佳」逐漸隱退到歷史之中，以歷史的本體與台灣的現實同時說話：「每個夜市攤都是一樣的；就是覺得沒有很有吸引力」。追求新鮮感的自我，與每個夜市攤都是一樣的現實，同時存在於生活之中。新的平靜的生活，不再允許尤佳「每天都有新鮮事情干，每天都去搞東搞西」，因此尤佳不得不尋找自身不同以往的特質，以在新環境中重新安置自己的生活。面對新環境，尤佳的觀點產生移動，「每天都有新鮮事情幹，反而是蠻受干擾的」，她開始積極地對原本的理念進行解構，「沒有那麼多誘惑，可以看完幾本書」，並且重新建立新環境中的自我，一個新的「台灣的尤佳」逐漸顯現。

另一個例子來表現此種解構——再建構的過程，可以在項暘的敘說中發現。抱著探求未知，瞭解台灣的初衷而來的項暘，在新的生活環境，新的人生階段中積極跳離自我，努力尋找新的置身。

> 　　我來這邊的目的，我開始的目的還真是，走一步算一步。我主要來這邊動機還是想瞭解一下台灣，還真不是因為讀研究生，只是順帶讀一下研究生。但後來來了這邊之後，接觸了很多優秀的人，然後可能再加上，畢竟大學畢業了，離開那個象牙塔，考慮很多問題越來越現實，我覺得如果研究生再混過去的話，以後到社會上又是一個非常非常普通非常非常失敗，是庸人。但我又不想做一個庸人。所以說，每每想到自己浪費大學四年，有的時候還會激勵自己努力一下。有時候想放棄的時候就覺得，就這麼混過去不是也挺好的嘛，有這種想法的時候，就會提醒一下自己。（項暘）

　　口中說著普通、失敗、庸人的項暘，在大陸時以十分優異的成績考入重點大學，並且一入學便被保送到學校重點培養的啟明學院。八千人的學校中想要考入啟明學院是非常困難的，而項暘是免試推選的。因天資聰慧，雖電機工程機械自動化的課程並不容易，但每每臨時抱佛腳都順利地通過了。大四時也早早就順利地找到了工作，機緣巧合下得知台灣招收陸生的消息，抱著試試的想法申請後，順利地被學校錄取。面臨就業還是繼續求學的人生選擇，想

著藉兩年時間到台灣走走看看，覺得能夠瞭解認識台灣也不錯，最終選擇了赴台就學。念研究所對活潑外向的他而言，完全是個意外。

　　然而，當原本熟悉的情況改變時，被視為理所當然的理念在陌生的環境中顯現，在「走一步算一步」的理念指引下進行的，「瞭解一下台灣」，「順帶讀一下研究生」的生活行動，被生活的現實所衝擊。「大學畢業了」，「接觸了很多優秀的人」，陌生的處境要求項暘對原本的理念進行解構與再建構，而項暘也積極地尋求改變。以「混過去」，「浪費大學四年」，「非常普通非常失敗，是庸人」等遣詞對過往生活的定義，是項暘開始以非常批判的觀點去解除、否定以前的生活的解構過程。這一解構的出現，既是「來了這邊之後」，進入「研究生」，「以後到社會上」等環境改變的結果，又是在這背後更高層的「不想做一個庸人」的不變的關照。

　　在這一新生活的再建構過程中，項暘在來台灣一個月後，基於自己的興趣和對台灣專業授課狀況的瞭解，提出了轉系所的申請，並且開始了積極旁聽的第一學期。轉系所帶來的修課時間壓力，以及跨專業所面臨的知識上的不足，都使得項暘的學業格外緊張。自己選擇的新生活並非在按下按鈕後便全面啟動，而是與舊我的不斷拉扯的過程。新生活中仍會時常出現的，「想放棄的時候」，「就這麼混過去不是也挺好的」想法，需要項暘持續的自我提醒，與自我激勵。

　　尤佳與項暘的經驗，並非告訴我們台灣的社會與大陸的社會形

塑出怎樣不同的個人，而是讓我們看到：雖然地理距離的位移是在飛機抵達的一瞬間完成，但物理的切換並不意味著新生活的開始；新生活的開始，是當台灣的社會氛圍以問題的形式顯現在陸生世界中，要求陸生必須調整自身，並依據它重新建構自己寓居於世的方式。這一新生活的抵達不僅需要時間給出距離，也需陸生向內尋求不同以往的自我。與原本生活的遠離，以及舊我的割裂，常是一痛苦的過程，伴隨的可能是期望的落空，可能是同在舊我與新我中的來回掙扎。然而，能夠在新的環境中重新安放自我，卻是一更為廣闊的自由。

3.內心的空洞

即使已逐步找到自己在台灣的生活方式，但對於原本生活中所依靠的缺失，仍使在台灣生活求學的陸生心中，有一難以彌補的空洞。

> 沒有辣椒吃……這個問題你可能會覺得很奇怪，但是心情已經很不好了，又吃不到好的東西，會加重這個不好的感覺，而且最後會把它以為就是沒有辣椒吃我才過得不開心，會被這個東西所佔據了你的感情……就是已經有點因為學校的原因有點不開心了，然後又要吃不喜歡吃的東西，然後抱怨的時候我就會只抱怨東西不好吃，會忽略其實最開始不開心是因為學校有不開心的事情。有時候要說：「哦，我今天

心情好差，這飯不好吃，沒有辣椒吃我就覺得很不開心。」
（尤佳）

　　訪談中尤佳一次次提及辣椒議題，當她說「你會把它以為就是沒有辣椒吃我才過得不開心」時，對家的懷念遠遠超過了食物本身。我們在原本的生活之中時，家是以一沉默的方式給出我們依靠，靠意味著安心，我們通常視之為理所當然，不質疑它的存在，也不說出話語。然而，當陸生脫離原本的依靠來到台灣，不在家的狀態使陸生頓失依靠，身處深淵。我們一離開依靠，就開始詢問自己的依靠之處，開始召喚語言以找到所依。然而，面對家的龐然的存在，我們僅能在有限的語言中，不恰當地指認深淵，以語言給出世界，並活在其中。因此，即使尤佳知道這並非僅為「辣椒」的問題，仍舊給出「沒有辣椒吃我就覺得很不開心」的世界，給內心的空洞以得以指認的形象。此種通過對物賦予深刻意義，找尋熟悉與安全感的現象，在其他有關留學生的研究中也有所體現：一個與個人過去有關的物的意義，可以是豐富了人對自己或所處世界的理解，維持個人生命的連續性或幫助人從現在的種種壓力與煩惱中得到紓解（畢恆達，1990，1995）。因此，辣椒作為家的具像，成為無的狀態中的慰藉；而它所揭示的存在本身，是陸生不在家的狀態。

▌新生

> 當回憶太多時，我們要能忘記，同時我們要有足夠的耐心等
> 待這些回憶再回來，並且往往這不再是回憶本身，直到它完
> 全溶入我們的血液中，成為我們姿勢的一部分，無以名狀直
> 到無法分辨，一直到它能隨時隨地在不經意之中冒出來。
>
> ——Rilke（引自馮至，2004，頁94）

（一）新生的肢體

原本生活的不在與不再所造成的內心的空洞，是任何人或物都
難以彌補的。然而，陸生獨自一人踏上異地求學的旅程的同時，也
收穫了獨特的人生經歷與意義。最重要的是，磨練後的成長，使得
陸生更加深刻地認識自己，甚至開啟了陸生進一步瞭解生養自己的
那片土地。在台灣的一點一滴，都會成為陸生無法割捨的肢體，流
淌在血液中的一部分，伴隨終生。

1.血液中的台灣

上海女孩蔣青有著非常爽朗的性格。大學畢業後先工作了一
年，就和好朋友一起申請來台灣唸書。為不和朋友撞車，就申請了
北部的一間研究所，繼續攻讀大學相同的專業。兩人都順利地錄取
後，因不在同一地區且各自忙於學業，無奈減少了見面的機會。不

過仍非常開心在台灣的生活，繁忙的學業之餘能夠到附近遊玩，還能經常參觀各種活動及展覽。訪談中充滿了歡笑聲，對新環境即使有不適應，也能帶著調侃的語氣帶過。不過學業實在是異常繁重，到台灣近一年的時間，「在電腦上看電影就看過一部而已」，訪談也是藉吃午飯的時間進行的。對上海朋友認為她「就是出來享福的」想法，能輕鬆的調侃說「不刻薄就不是上海人」。

就覺得好吃好玩地方很多啊……我甚至剛來的時候，我還有個很天真的想法，我覺得我可以在星期一到五的時候把所有的作業reading和課全部都完成，然後每個星期六星期天都可以跑出去玩……可是後來發現不行，週末要拿來唸書。來台灣之前的話，可能也是跟我朋友現在那種想法是一樣，就是好吃好玩的很多吧……就是來之前知道分藍綠，還比方說知道有原住民這三個字，可是並不知道原住民對於這裡人的意義，也不知道會有什麼歧視，或者是文化不利，就這些是不知道的，一些很，我覺得是表面的東西會知道……就是會覺得說，哦，台灣有原住民，好，我就知道關於原住民的所有事啦，好就是這樣，也不會想要去細究那些東西。而且可能那件事對於，你不來台灣的人來說沒有什麼意義，所以在來之前對於台灣的很多認識是，比較表面吧。比方說知道這邊生活節奏慢，對啊，這邊生活節奏是慢，可是原來生活節奏慢和忙不忙，其實是兩回事呢，也可以很慢，也可以很忙

的，不矛盾不矛盾。（蔣青）

　　隨著生活的展開，對台灣由原本虛幻的想像，變為真實的日常活動。「藍綠」和「原住民」，不再是以往僅存在新聞媒體上的字彙，而是生活中有血有肉的存在。通過和班上南部同學的接觸，慢慢體會到南北的差異，以前對南部是「綠營的陣地」的概括，現今也轉變為「聽聞南部一般要講台語，講國語會被恥笑」，「交通不便利，沒有捷運」以及「小吃很多」等更為生活化、更為具體的描述。對政治意識差異的想像，也由以往籠統的「安全問題」，轉變為切實的「我」與「南部人」的可能連接，還不忘打趣地說道：「（南部人）看到大陸人就會想說：『哦，要統一了是不是？』這是想像中的。」

　　生活經驗的開展，使得台灣的意向由虛轉實，進入陸生的生活世界。「原來生活節奏慢和忙不忙，其實是兩回事」，體現出新生活的實在，對蔣青已逐步開始產生意義。並不是通過「表面的」知識的學習，而是隨著時間的推移，經歷的積累和親身的體驗，台灣慢慢對陸生產生了不同以往的意義，建立特殊的聯結。伴隨此種意義的沉積與深入，陸生在「大陸的家」的無之中，同時建立起「台灣的家」的依靠：

　　　　捨不得吧，更多捨不得吧。怎麼說呢，因為我從小都北京生
　　　　北京長，然後也沒離開過，算算到台灣兩年半了，從小也沒

離開過家這麼久，感覺就跟第二故鄉那種感覺。因為，就除
了家以外，這個城市是我生活了最久的城市，我也熟悉這，
也算是熟悉這個城市的一切吧，也不能說一切，就很多很熟
悉。起碼在這的話我不會走丟，我在這怎麼怎麼回來，我也
認哪的東西比較好吃，然後哪有好玩的地方什麼的。這些瞭
解，已經算跟第二個家一樣。（高圓）

　　與高圓訪談的隔天，便是他畢業論文答辯的日子，距離離開台
灣回到大陸，只有不到一個月的時間了。問及將要離開的感受，不
太會表達的高圓，說得最多的便是「捨不得」。在台灣兩年半的時
間，除了與身邊的老師同學建立了深厚的感情，還認了乾媽。乾媽
在高圓學校附近開店賣吃的，特別照顧隻身在外求學的高圓，每次
都給特別多，而高圓吃完飯，也都會留下幫忙收收盤子擦擦桌子，
相互聊聊天。日積月累，和乾媽建立了深厚的感情。在台灣度過的
兩次生日，一次是老師給高圓過的，一次是乾媽聚集了很多朋友一
起過的。從小沒離開過北京的高圓，將台灣認作「第二故鄉」、
「第二個家」，家的背後意味的，不僅僅是熟悉的街道與城市，兩
年半來渡過的每分每秒的生活，還有與身邊每一個老師、朋友相互
分享的生命，在台灣的大街小巷留下的自己活過的痕跡，以及心中
烙印下的不可磨滅的台灣。

2.第二雙眼睛

　　大學學習自動化專業的邢海，大學畢業後順利地進入該專業領域的國企單位。在令人羨慕的純工科的學習和工作環境中，邢海從未停止思考什麼才是自己最想要的，什麼是自己最想投入的行業。隨著在工作領域待人接物的經驗積累，邢海逐漸在自己身上看到越來越多家庭的影子，越發感慨家庭教育對人一生的影響程度，因此決心要投入教育事業。隨後他不顧家人的反對放棄了公務員的工作，申請了台灣研究所攻讀幼兒教育。辭職後的求學之路只有兩個目標：「一是一定要出大陸讀書，二是一定要去一個能學到真本事的地方」。帶著工科生的韌勁，抱著初生牛犢的心態，邢海在台灣開始了人生的一個新的起點。懷揣熱情與激情來到台灣的邢海，面臨的不止是從大陸到台灣的距離，還有由工科轉教育的跨度，由男性場域到女性場域的差異。相較大陸男性為主的工科領域，注重效率的工作作風，邢海在台灣幼教系的學習環境中，加倍努力地吸收專業的知識外，還積極地學習人與人的溝通方式，與尊重他人的態度：

　　　　和台灣人的接觸……比如說願意傾聽，比如說善於分享和討
　　　　論，打開心胸……對事不對人的討論……尊重吧，如果真的
　　　　要落實的話，尊重是一個表象，其實是對於他人的一種接
　　　　納，或者說這邊最愛強調的一個叫多元文化觀……給我的感

覺是，我要先聽你講什麼，而且我非常願意聽，想知道你的認為是什麼，非常想知道你的觀點為什麼是這樣，抱著一種好奇與興趣，也就產生了一種尊重。（邢海）

對這種願意傾聽，善於分享和討論的氛圍，最強烈的感受是在假期回到大陸時的對比下產生的。每當邢海斬釘截鐵地告訴自己身邊的親朋好友，自己在台灣學幼兒教育時，有著好比「我在投行工作」的驕傲自豪。然而，得到的回饋往往是「一個大男生學幼兒教育啊」，「是要當幼兒園阿姨嗎」的憐憫的目光和各種感慨。沒有人哪怕好奇地問一句，怎麼會想學幼兒教育。更糟糕的是，自己的熱愛和所學，甚至給父母帶來的困擾，每當邢海的媽媽被同事問及，兒子去台灣學什麼時，媽媽總會說學教育。這種被他人評以高低優劣的價值判斷，邢海有著滿腔憤慨，他所期望的是讓大家重視所學的專業性與必要性，還有讓更多人看到幼兒教育的價值所在。然而，自己的熱愛或許能夠支撐自己面對他人異樣的眼光，但給父母帶來困擾，卻無法不讓邢海感到些許自責與無力。

也是因此，當邢海再次回到台灣的學業時，更加珍惜這種人與人之間尊重接納的社會氛圍，並且在與老師和同學們的接觸過程中，努力學習以開放的心傾聽他人，從每個人身上都能學習到不一樣的東西。在此種信念下，邢海在台灣學到的很重要的一課，是一次在幼稚園實習時，一位小朋友教的：

有一次嚇到我是在幼兒園發卡片，是我臨走的那天要給小朋友一些紀念，所以就給他們做了一些卡片。我比較粗心，我沒有想好一個人要幾張，我就只是買了一打就寫了一打……後來就剩了一點點……帶都帶過去了嘛……就剩多少發多少唄。就有人拿了一張有人拿了兩張……然後就有人過來哭鬧……我就說怎麼啦，他（一個小朋友）就說不公平，他很嚴重地就說不公平。我說你是想要那個嗎，我就說讓他（另一個小朋友）把這個換給你……那個小朋友一看他哭了就說「那我把這張給你」，那不就好了嗎，那不就ok了嗎。然後他就說不行。我說：「你怎麼了，你是生他的氣還是什麼？」「我生你的氣！」我說你生我的氣幹嘛，這怎麼回事，他說「你不公平」，就一個勁強調不公平。我就忽然間發現，這個不公平已經到了這麼小的地步，就已經有了這麼強的感覺了，就太嚇人了……那一次給我衝擊很大……我確實看到說，這些人對於公平正義，看的確實是比命還要重要。（邢海）

　　向來以效率優先的環境中成長的邢海，來到台灣才真正認識到「公平正義」對人的意義所在。幼兒園小朋友因發卡片的事對他生氣，在邢海心中埋下了新的種子。這顆種子也在更大的社會氛圍中發芽茁壯，開啟邢海以「公平正義」看待社會的新視角。這種視角幫助邢海更加理解了台灣人用生命換來現有民主的做法，在面對

反服貿、多元成家等議題時，讚歎台灣人「心中不滅的是，公平正
義法治是比命還重要的東西，比錢和個人的前景都重要的東西」。
同時也感慨自己原本對於政治對一個人的形塑是沒有這麼深刻的
認識的，藉著來台求學的機會，看到「政治對一個人的影響根深蒂
固」，甚而決定了一個人的思想意識。

　　當然，每個陸生來台灣後的收穫都不盡相同，但面對陌生的環
境所被迫做出調整與改變的觀點，卻給了每個人不同以往的第二雙
眼睛看世界。或許走出原本的世界，每個人都面臨著同樣的打破舊
我的功課與過程，但在廣闊的新空間中究竟會建立怎樣的新我，卻
是每個人最獨特的生命，以及內心深處對自我的渴望與追求。

3.背得走的家屋

　　　蝸牛造了一戶自己背著走的家屋，所以不管旅行到哪鄉哪
　　　村，牠們永遠都在自己家中。

　　　　　　　　——Bachelard（引自龔卓軍、王靜慧，2003，頁205）

　　大學和研究所同樣讀金融系的文和，是在來到台灣之後才慢
慢愛上所學。一直有著為「社會做公益」追求的文和，上大學時並
不喜歡印象中「整天坐辦公室」，「完全是跟錢相關」的金融的專
業。然而來到台灣後，因台灣老師注重溝通交流，常用小組討論及
個人報告的教學方式，慢慢地發現專業知識的趣味性，也逐漸培養
了自己對專業的興趣。通過老師課堂上分享的生活，找到了專業和

生活的連接，發現其實「夢想和現實不衝突」，通過做好自己的事業，同樣可以達到幫助別人的夢想：

> 以前大學的時候對於自身學的專業的興趣並沒有很重。來這裡以後，經過半年的學習，就覺得自己能發現，對於自己專業這方面的興趣，並且以後很樂意做這件事……台灣的學生大部分都會去做他們想要，自己有興趣做的事……之前好像聽說過一個，做布袋戲的幾個台灣年輕人，做的非常出色，可以到處表演以及展覽什麼的，做的非常好。加上有台灣很多年輕人也，自己去創業，去開自己想要做，例如喜歡咖啡的去開一個咖啡屋，喜歡花花草草的去開一間賣花的店之類的。例如還有些，在學校裡面，自己系所裡面也有，看到一些人就真的是很喜歡金融，對這方面很感興趣，就不斷培養自己這方面能力。就覺得人還是應該，找清楚自己的夢想，想清楚自己以後到底想做什麼。（文和）

班上有位台灣同學因著對炒股票的興趣，特意跑到廈門去開戶，進軍大陸股市的做法，深深地印在文和心中。做布袋戲，開咖啡屋或花店，無論在別人眼中是怎樣的一份工作，在台灣年輕人心中卻是做自己想做的，實現夢想的途徑。被身邊的台灣朋友和社會上的年輕人震撼到的文和，開始反思自己到底想要做什麼，自己的夢想究竟是什麼。不再是迫切得到答案的提問方式，而是自我追

尋的過程的轉變，使文和對金融系的理解，不再是「坐辦公室」，「面對電腦」的一份工作，而是能夠產生興趣，傾注熱情的事業。通過對興趣的執著，和學習過程中對自我資質的培養，無論何種專業都能成為實現人生夢想的途徑。

同樣像身邊的台灣朋友不斷學習的邢海，也提到「這邊人可能不會想說我未來要做一個什麼，或者說我未來的成長圖像是一個什麼，反而會更加專注於當下做的事情，做的很踏實，即使做的很慢……就是很能踏下心來踏踏實實地做事。」相較之下台灣的同學不會為了結果怎樣漂亮而去做，做事的時候比較真實，更加注重學習的過程。隨處可見同學們為了學習課上的東西，自發地組織讀書會或討論，分工合作地蒐集老師沒有給的資料，分享課後的反省和心得。此種環境中的邢海，也開始踏踏實實的學習，去學一些不需評量，甚至以後不會用到的知識，為的僅是學習的過程和對自身的意義：

> 到了台灣以後我的學習其實轉變挺大的，我覺得我原來確實是在為了評量而學，為了考試而學，為了完成任務而學。但是到了這邊之後，可能也是因為出來讀書了吧，沒有那麼多雜事，反而心也容易靜下來，就會想很多跟學習本身有關的事情，而且很珍惜每一段的時光……也是因為，不可否認的就是受周圍人的影響……因為我出來讀書，所以才創造了這樣的一個好的環境，不用想著七大姑八大姨的事，也沒有那

麼多的複雜和社交活動……尤其又是辭了工作來讀書，就覺得犧牲蠻大的，也一定要認真地對待這一段時間。（邢海）

不再為評量及考試而學，不再為完成任務而學，是置身異位時得以掌握自我的自由空間，是更加腳踏實地地面對生活的人生狀態。縱使來台灣讀書，猶如捨棄了尾巴的壁虎，使陸生有著異常的孤獨與寂寞感，但自由與落寞，該如何換算。在新的環境中，得以重新思考自己究竟想要什麼，懂得珍惜每一段的時光，便是實在地為自己的理想與追求而活，與心中最真實的自我相伴。

這種摒除了原有的限制，開始找尋真實的自我的路途，使陸生發現以往對自我的認識和瞭解，竟是如此不足。感受到台灣社會種種差異，尊重理解台灣人的珏嘉，反思求學生活帶來的最大感受，是想要回到養育自己的那片土地，去認真地瞭解父輩甚至更老一輩人的經歷及變革：

它（台灣的經歷）啟動了我回到自己的家去認真地瞭解我爸媽他們，是如何長成現在的歷程，也啟動了我想要回到我的村莊去問我的爺爺和他的同輩人，這個村莊在大的歷史下……是一步步經歷了什麼樣的變化到今天……他們會怎麼評價走過文革走過反右走過這些。就是更想去瞭解我自己生長的社會和家庭，和家裡面的人走過來的那個（歷程），來瞭解我自己。（珏嘉）

每當在台灣的課堂上講起自己的家鄉，講到大陸的歷史，談及文革、反右和八九學運等事件時，珏嘉強烈地感受到，原來自己和身邊的台灣同學一樣，對這些事件的瞭解僅僅來自於課本上的知識或是新聞媒體的訊息，從未思考過自己的爸媽，自己的爺爺奶奶，自己的家鄉究竟真實地經歷了什麼。通過對台灣一步步深入的探尋，才發現原來對孕育自己的土地竟是如此的不瞭解。回到自己的家鄉，和身邊的親人敞開心扉地聊聊天，用自己的雙眼和雙手，細細感受慢慢追尋自己的根，來重新認識流淌在血液中的真實的自我，是珏嘉帶著在台灣的所得，繼續向前的人生方向。

（二）生長的力量

> 研究所的老師不是讓你當書本看的，他不是隨時讓你問的。如果說什麼不知道就問，這個狀態不是研究生，這個狀態只能算中學生……這個東西你自己去決定，它適合怎麼樣的你要自己去決定，出了問題你可以問老師。（滿有）

原本在老牌國有企業上班的滿有，在四年的工作中摸爬滾打，漸漸地有了起色，也得到了領導的重視。就在一切步入軌道之時，滿有卻辭去了令人羨慕的工作，踏上了台灣的求學之路。穩定的工作雖有不錯的待遇，但論資排輩的國有企業使滿有難以看到發展的空間。出於想要認識外面的世界，滿有再三考量選擇了來台就讀研究所。選擇台灣這條路並非沒有猶豫，並非沒有彷徨，「在我沒來

之前，有那種前面都是未知的，你要做這個決定，肯定需要有一定的勇氣，因為你都不知道你去那個地方是什麼樣」。面對將要去的地方，仍是一片漆黑的未知，滿有從未過多考量社會經濟狀況或生活條件，也從未恐懼過政治差異可能導致的對立與衝突，唯一的擔憂便是收穫不到足夠的知識：

> 出去留學，眼光要放得更長遠點。畢竟是去學知識，重要的還是在，是什麼身分要做什麼事情。學生就是學習，老師就是教書。既然我們去做學生，那麼最重要的一點就是知識。把知識學好，此行就不虛……我來這邊唸完書之後，可能得到的收穫會比較少，我就等於是浪費了兩年的時間，這是我最大的風險……收穫比較少就是，你拿到的文憑含金量並沒有高，你可能學了東西並沒有那麼有用，你所學的知識被認可度沒有那麼高，就在這狀態。（滿有）

為了不浪費時間，為了求學求知的期望，滿有沒缺過一節課。不上課的時間，幾乎從早就待在實驗室裡面，常到晚上九、十點鐘才離開。每天泡在實驗室裡的生活，不是沒有遺憾。「其實我也很想出來，認識一些新的朋友」，但最終還是選擇「就去看書吧」，沒有去擴大交友圈。因為實驗的事情，雖然「不去很認真做也可以畢業」，但是「如果很認真地做，可以說做不完」。台灣優渥的學習資源和遠遠領先大陸的研究進程，以及既專業又有人情味的教

授，讓滿有有機會沉浸在學習的環境中，最大程度地吸收新知。

滿有心中合格的研究生，應有著主動探求新知的能力與動力。因此，滿有要求自己，有問題可以每天都給老師發信件問，但每個問題都要想清楚自己要問的是什麼，並且確定要問的東西不是那麼容易找得到，或是確實受個人的能力所限。看似是知識上的學習，動力卻是源自內心對自我的標準與要求。自己決定的實驗方法，自己制定的人生規劃，此行究竟是虛是實，責任全在自己一個人肩上。

◆

> 我就想要出去看看，這是人生的一個願望，恩。再不出來就晚了，等到某一天，我就想等我三四十歲，孩子拖在我身邊，我這個願望還沒有滿足時，眼淚就要掉下來，我就覺得我就要現在實現它。（珏嘉）

已經成家的珏嘉，在決定來台求學前，在大陸的國中擔任心理老師已有四年的時間。穩定的工作與穩定的家庭，在旁人看來，彷彿人生的下一階段理所當然的是生養子女的規劃。然而此時，珏嘉卻做出辭去工作，重返校園的決定，踏上了來台灣的求學之路。

大學畢業時就有想要藉讀書的途徑出來看看世界的願望，但因沒有合適的機會，就進入中學成為了一名心理老師。工作四年下

來，玨嘉越發感受到工作的重複性，在直接面對學生上很難再繼續前進了。看著自己這個月與上個月不再有變化，玨嘉感受不到自己的成長。環顧身邊的中年老師，大部分人視野很狹窄，只盯著學生的成績，只能看到學校裡面的事，對學校的制度有很多抱怨，但卻從不會採取行動嘗試改變。玨嘉一想到繼續留在這個環境中，未來也有可能變成這樣的人，便感覺自己快要窒息了。再不出來就晚了，等到有孩子拖在身邊，看世界的人生願望若還沒有實現，眼淚就要掉下來，玨嘉堅定地說：「我就要出來看看不同社會的樣子，我就要現在實現它。」

　　來台灣僅一年的時間，玨嘉參與了許多社會團體與活動，透過自己感興趣的議題，積極地瞭解台灣。將陸生與台生之間的隔閡作為行動研究的主題，與身邊的同學通過對話的方式，直面自己在新環境中的種種困難。和朋友一起舉辦陸生下午茶活動，幫助更多陸生適應台灣的環境。

　　如此積極有行動力的玨嘉，在我問及來台灣這一年的生活，是否有感到自己的成長時，卻說：

　　　　我想要的成長是一生的功課。比如說我想成為更完整的人，
　　　　也想成為可以幫助別人更完整的人，但這個不太是技巧性的
　　　　學習可以做到的。大的成長是瞭解台灣的複雜性，也在我原
　　　　來的目標中，我就想看看不同社會的樣子。但是在人生，這
　　　　條路我會覺得，它是太漫長的一條路，那個成長很難說我邁

進了一大步，或者我現在更願意用小小地往前挪動了一點點
來形容。（玨嘉）

玨嘉說，想像中完整的人的樣子是「從心所欲不逾矩」，能體
會自己的感受，也尊重自己想幹的事，同時又不給別人造成不舒服
或困擾。人生長路上，每一小步的挪動都在朝這一方向靠近，卻不
知自己死的時候能不能實現這個願望。一生的功課，源源的動力，
該用怎樣的語言才能表達玨嘉內心對「成為更完整的人」的追求與
力量。或許台灣只是人生中的一小步，成長也僅能用「往前挪動一
點點」來形容，但所有的努力與收穫都是「完整的人」的具體體
現，也將成為養分，支持玨嘉繼續前行。

◆

我一直有個願望，就是我也能像我爸一樣辦個學校……我想
以後要辦學校的原因，就是能投入教育，還是說我最後挖掘
自己想做的什麼，有一點是要做真正對這個人好的，能夠提
升整個社會福祉的事，那就是跟人有關，跟人有關……當時
想來這邊學幼教的一個原因也是比較看重專業，就是我還是
希望以後作為一個教育的創業者，是希望這個學校是有它的
內涵的，是對人真正好的。（邢海）

邢海的爺爺創辦了西安第一所私立大學，父親創辦了蘭州第一所私立小學與中學。六歲的邢海與父親一起從西安到蘭州，目睹了整個學校的創辦過程，以及父親創業過程中的艱難與困苦。父親在蘭州，睡的是一張簡陋的小床，吃飯常是一碗麵就解決的事，這樣一待就是14年。當時家裡傾盡所有創辦學校，以至於為給熱愛音樂的邢海買一架鋼琴，不得不四處借錢。為了還那些錢，父親兩年只吃掛麵，沒吃過菜和肉。

　　從小和父親一起經歷的創業過程，在邢海的心中埋下了種子。內心總覺得，「這個學校有一天一定要交到我的手上」，因此，在同齡人追捧電視上的電影電視劇時，還在上中學的邢海就熱衷於類似《中國式管理》的節目，看的認真程度，讓身旁的大人們都驚訝，「小屁孩看這東西幹嘛」。只是後來父親的學校倒閉，邢海也沿著升學之路，進入大學，修讀自動化專業。

　　大學畢業後在北京的國有企業順利地找到了工作，邢海步上了人人都羨慕的穩定生活，優渥的待遇、良好的工作氛圍，以及未來的北京戶口，在他人看來都是無可挑剔的生活。但是，工作了兩年的邢海，感受不到自己所追求的專業的成長，不是自己所熱愛的事業，也使得邢海找不到自己認可的意義。離開競爭激烈的工作職位的想法，遭到了家人的反對。短時間內無法與家人達成共識，邢海先斬後奏，辭去了工作，申請了來台灣讀幼教系研究所，堅決地離開原本的工作環境，做自己想做的事情。

　　轉專業到自己完全不瞭解的領域，全憑心中「為他人好」的信

念。專業知識上的不足能夠通過投入更多的學習時間來補強,但幼教領域實踐的缺乏,卻難免給邢海帶來困難與挫折。一個完全的新手面對整班的孩子,邢海在幼稚園做志工時,常面對連帶孩子整隊都整不到一塊這種事。工科的背景給了邢海屢敗屢戰的韌勁,生活中出現再大的困難,想想父親吃苦的精神,就覺得做他兒子,好像也要有這種品質。對人真正好的人生志業,在台灣得以啟程。

◆

> 我上高中的時候,我爸給我講了一句話。我爸說:「人啊,就像一個碼頭。」它就是一個碼頭,如果你把自己的碼頭修的很堅固,水很深,就會有大船來停;如果你的碼頭就像一個釣魚的地方,沒有人來停。要把自己完善好,別人才會請你去,要自己都不完善,整天無所事事,荒廢,去哪裡都沒用。(邰之)

散打冠軍邰之,小時候是個經常受欺負,體弱多病的小孩,有時一個月要在醫院待上近二十天的時間。小學四年級時,父親本著強身健體的想法,將邰之送去練武術。一心想為父母爭光的邰之,拼命地訓練,每次打比賽都頭破血流的,慢慢地打出了成績。邰之的父親是家中幾兄弟裡學歷最高的,高中畢業。父母兩人都沒受過高等教育,教養孩子只有一個信念,砸鍋賣鐵也要供孩子上大學。

邰之和妹妹在父母的教導下，雙雙走入大學校園。那時候，父母因供養出兩個大學生，成了名人，走在路上都抬頭挺胸的。

受父母這樣的觀念的影響，邰之在家中經濟狀況好轉後，又工作了一年存了些錢，就毅然地辭去工作，踏上台灣研究所的求學之路。原本以為招生簡章上學費的金額是一年的額度，投入手裡全部的積蓄，滿打滿算能支撐兩年的碩士生活。但來了台灣才知道，台灣的研究所是每半年就要交一次學費，一下子超出預算很多。盡可能的省吃儉用，卻還是在碩二上學期就花光了自己全部的積蓄。最難以啟齒的，是自己作為男人，已經28歲了還要向父母開口借錢。因為自己有著散打特長，在台灣有機會到學校擔任散打教練，指導專業隊訓練。但受限於陸生無法在台灣打工，無法拿到一份教練工作正常的薪水，只能得到一些車馬費，補貼日常生活所需。問及邰之的感受，他沒有抱怨一句政策對陸生的限制，反而說：「自己高興就好。往往體現自己人生價值的，不是別人給你多大的尊重，而是你能給別人多大的實惠。」

為將人生的碼頭修的更堅固，邰之的畢業論文選擇了從頭學起的教學法的質性分析。面對龐雜的資料和大量的工作，邰之假裝哭相，開玩笑地說：「逐字稿翻的我都快想哭了，Open coding 摳不出來啊。」為克服專業知識不足的問題，邰之基本將家安置在老師的研究室，要求自己每天早上八九點就要坐在老師研究室裡，覺得哪怕什麼都不幹，只要坐在那個位子上聽老師講，聽老師給別人講，都是學習。

每天的努力，使邰之碩二下半學期結束時，就順利地完成了畢業論文。原本出於經濟考量，以及大陸找工作的競爭壓力，邰之希望盡可能快地完成學業。但就在完成畢業論文，能夠畢業時，邰之卻又決定留在台灣，再多花一學期的時間旁聽大學部的課程，充實自己最為薄弱的教學環節。回顧兩年的求學生活，邰之覺得自己很幸運，能來台灣念研究所，為原本空白的生活畫一個軌跡；有機會再多學一學期，完善自己的不足，親手為這個軌跡添上色彩。再大的困難，在成長的動力面前都變得能夠克服。

◆

每個陸生的生活世界與人生經驗都完全不同，最初推動陸生選擇來台求學的目的也因人而異。但所有訪談中無一例外的，是每個人生命故事背後，想要成為更好的自己，想要繼續學習、向前發展的人生期望。生活中再大的難題都有勇氣去面對，卻唯獨不能接受一個停滯不前的自己。沒有語言能更好地表達出陸生的這種生長的動力，在此謹以有限的訪談資料，向每一位陸生的生活致敬：

　　知恥而後勇，你要知道不如別人，才會知道努力。但如果沒有對比的話，大家都差不多，那你會覺得你也，根本就想不到要努力。（項暘）

我原本就是想要出來唸書……我會真的希望，再進行一次學習，真的是有學到東西，而不是只是混一個文憑。（蔣青）

　　我也不會覺得自己想的就是對的，其實潛意識有多多少少這樣，但是其實我一直在克服吧……我很感謝到這邊能得到這樣的訓練，我覺得，學到東西不一定在將來一定有用，可是，能看到更多東西，得到更多思考，是我在這邊學習到最寶貴的東西……會更沉下心來好好地想這件事，而不是單站在自己的立場……我可能將來看待世界都會不一樣。（蔣青）

　　我應該去讀書了，我應該要去真正的開始學設計這個東西了。（尤佳）

　　我來台灣是想學一些比較專業的東西。（邰之）

　　從西安到北京生活了兩年，能看出換一個環境對一個人的成長和鍛鍊，所以就更想看看更不一樣的世界。（邢海）

　　研究生階段的學習……對於年輕人來說，這兩年或三年用來學習的收益應該會比去工作來的高吧……嗯，年輕人還是應該多學習。（李贊）

多走走多看看啊，年輕人不要太在意那種漂泊，或者是那種不穩定。我感覺如果說這次機會不把握，以後可能就沒有這樣的機會了。（李贄）

第六章

忽逢桃花源

晉太元中，武陵人，捕魚為業。緣溪行，忘路之遠近。忽逢桃花林，夾岸數百步，中無雜樹，芳草鮮美，落英繽紛。漁人甚異之，復前行，欲窮其林。

　　林盡水源，便得一山，山有小口，髣髴若有光。便舍船，從口入。初極狹，才通人。復行數十步，豁然開朗，土地平曠，屋舍儼然，有良田、美池、桑、竹之屬，阡陌交通，雞犬相聞。其中往來種作，男女衣著，悉如外人。黃髮、垂髫，並怡然自樂。

　　見漁人，乃大驚，問所從來。具答之。便要還家，設酒、殺雞，作食。村中聞有此人，咸來問訊。自云：先世避秦時亂，率妻子邑人來此絕境，不復出焉；遂與外人間隔。問今是何世，乃不知有漢，無論魏、晉。此人一一為具言所聞，皆嘆惋。餘人各復延至其家，皆出酒食。停數日，辭去。此中人語云：「不足為外人道也。」

　　既出，得其船，便扶向路，處處志之。及郡下，詣太守，說如此。太守即遣人隨其往，尋向所志，遂迷不復得路。

　　南陽劉子驥，高尚士也，聞之，欣然規往。未果，尋病終。後遂無問津者。

——陶淵明《桃花源記》

▌澄明之境

> 日本詞Koto ba所命名的語言之本質就是花瓣，就是從有所
> 帶來的慈愛的澄明著的消息中生長出來的花瓣。
>
> ——Heidegger（引自孫周興，1993，頁126）

（一）便舍船，從口入：來台求學是一場無法預見的邂逅

在獲得「陸生」這個稱謂之前，每一位受訪者都在大陸過著完全不同的，屬於自己的生活。每個人因不同的際遇，懷揣著不同的預期，踏上了陸生來台的求學之路。有人想要改變當時的生活狀態，有人想藉機來台灣旅遊，有人剛剛走出大學校門，對研究所的生活充滿幻想，有人因朋友勸說結伴而來……然而，無論抱著何種動機與目的，即將開始的台灣求學生活，都在每個人的經驗世界之外；看似並不遙遠的台灣，卻是沒有人能夠預見的另一個世界。留在原本世界中的親友，以自己的方式想像著來台陸生的生活。而陸生自申請台灣研究所開始，便走上了不一樣的道路，不同的人生經驗，使得陸生在親友的世界中逐漸退出，大陸的生活在陸生的世界中一步步遠離。

遠離的不止是外在的生活環境，還有陸生內心必須割捨的，原本生命中的所長與光環，到新環境中面對自己的短處與不足。在專業領域取得成績，或許是加倍努力便能夠達到的，但學著放下曾經

的榮譽，放下驕傲的自我，去向一切從零開始新的生活，卻是除了付出努力，還需要有足夠的勇氣，與不停斬斷與拋棄的毅力。新環境中所顯露出的自身的不足，雖伴隨著短時間內難以彌合的傷痛，但也在陸生內心紮根，成為向上生長的動力。

然而，原本生活的遠離並不意味著新生活的開始，陸生在台灣的生活並非在走下飛機那一刻全面展開。初到台灣的時間，陸生仍帶著大陸人的視角看待台灣社會，此時一切都是新奇的未知。但當未知變為已知，新鮮感逐漸褪去，不同的社會環境要求陸生探尋新的自我，以建立新的生活。只有當陸生告別「大陸的自我」，建立起「台灣的自我」，陸生在台灣的新生活才真正開始。這一過程，既是告別舊我的痛苦，也是在重新探求建立的自由。

告別舊我，並非原本熟悉的生活離開存有的界域，而是以「不再」與「不在」的狀態成為新生活中的「無」。此種「無」的存有源於頓失原本理所當然的依靠，而身陷深淵的感受。這一內心的空洞無法彌補，只有以某種熟悉的事物作為慰藉，通過語言的給出找到所依。

（二）問所從來：「自我」與社會共構的生活

陸生身上「陸」的屬性，只有在來到台灣之後才會顯現。陸生的生活經驗，是在與身邊的台灣人接觸的實際互動中得以顯明，是在社會的公共空間逐漸明晰且不斷變化的整體。縱使生活經驗來自陸生「自我」存有的根底之處，然而日常生活的種種顯明也使生活

經驗進入社會的領域，被安放在由兩岸共構的「陸生」位置，「自我」的生活衍變成「陸生」的生活。「陸生」與「自我」的共生一定程度上遮蔽了私人領域的生活經驗，陸生對經驗意義的理解傾向於社會給出的特殊位置；而當「陸生」的置身沒有給「自我」安放的空間時，陸生會因被觀看產生不舒服的情緒，「自我」的需求以問題的形式出現在視域之中。

此種「自我」與社會不可調和的矛盾，使得陸生在生活中採取將「自我」抽身於「陸生」之外的做法。然而陸生背後「一個中華民族」的情感連繫，又使得此種抽身不可能完全。陸生通過明確劃分政治事件與日常生活，甚至對政治事件的避而不談，維護其生活經驗不被推向「陸生」角色的被觀看。但是，陸生身上不可抹除的「來自大陸」的屬性，使兩岸議題本就對陸生存在意義，陸生一旦彰顯此種意義的存有，便不可避免地跳入「陸生」角色。

然而，兩岸的政治對立意味著陸生的涉入便是衝突。身處台灣的陸生不僅需要考慮社會角色所帶來的價值對立，還須關照「自我」的世界所需的安全，與人際交往的和諧。此時，已跳入政治議題的陸生再一次努力抽身。通過彰顯共識、迴避差異的做法，平衡「陸生」與「自我」的衝突對立。但，迴避並不意味著能夠視而不見，台灣人的差異理解對陸生背後「一個中華民族」認定的強烈衝擊，使得陸生面對政治議題，不僅無法以旁觀者的心態冷眼觀之，還會激起陸生的不滿，甚至受傷的情緒。

（三）見漁人，乃大驚：局外人的感受

在「自我」與「陸生」夾縫中的生活，是陸生情緒產生的土壤。離開原本熟悉的生活世界，使得陸生因頓失依靠而倍感寂寞。此種寂寞失去了留學國外時語言不通這一歸因，而甚為加遽。原本默會的兩岸一家的政治觀，在台灣的生活中又處處被劃分為他族的不同歸屬，對無法改變的生活環境，陸生有著被排斥在外的隔閡感。此種寂寞與隔閡的感受，在陸生維持原型理念的指引下，努力地開展對外生活卻求不得時，陸生往往會感到受傷害而退回自己一個人的世界，通過對台灣的負面評價安撫自己受傷的內心。

然而，即使感到寂寞與隔閡，甚至受傷，陸生仍會在每日的生活中，在與台灣的遭逢中，不斷調整自身的原型理念。首先通過放下距離與隔閡所帶來的被排斥感，在生活中尋求更多人與人之間的共同點與連繫，更多地瞭解彼此的生活。在日常交往的積累與對話的展開之中，陸生學著去理解距離另一端的台生，內心的真實感受，與被迫走上社會給出的「台生」置身的焦慮與無奈。在深刻地理解對方的基礎上，陸生能夠逐漸消解局外人所帶來的消極情緒，同時也能給予身邊的台生深層的接納與尊重。

（四）不足為外人道也：無法訴說的生命旅程

隨著在台生活的一天天展開，以及生活中與台灣的遭逢，陸生在台灣求學的過程中收穫了特殊的人生經歷。台灣的意向對陸生

由虛轉實，並且通過時間的積累，台灣在陸生的生活世界中逐步建立了新的意義。這一新的意義，是通過生命的深入，在原本陌生的土地上建構出的家屋，是陸生對台灣的歸屬與依靠。建構的過程，是新環境中必須不斷調整自身的原型理念，被迫突破自我的價值框架。在台灣社會中的收穫，給了陸生第二雙眼睛看世界；這些經歷，使陸生相對能夠以更為開闊的視角看待理解他人。

然而最終且最重要的收穫，是在割捨與重建後，得以更加認識自我、活出自我，能夠自我完整的生命的家屋。到異地生活，接觸更多新鮮事物與不一樣的社會氛圍，在廣闊空間中得以重新選擇的自由，使得陸生有機會重新面對「我是誰」、「我想要什麼」的提問。台灣的社會氛圍不僅讓陸生看到追求夢想的熱情，教會陸生不再為評量考試、完成任務而學，還開啟了陸生理解與認識孕育自己的家鄉，從而進一步探求自我的道路。

一路走來，縱使每個陸生放棄割捨的，努力建立的人生經驗都不盡相同，但每個人的故事背後，都深深地埋藏著向上生長的力量。對過去的自己勇於放下，從零開始學起的初衷，或許是學知識、看世界的願望。但這些人生的願望，均是源自陸生不甘安於現狀的安穩生活，不滿止步不前的人生路程。做更好的自己，成為一個更完整的人，是支持每個陸生行進至今，並且繼續前行的生命力量。

▎混沌依舊

> 不要急於得到答案，因為你還沒有經歷過，所以不能給答案。關鍵在於去經歷一切。現在就去經歷問題。漸漸地，不知不覺地，你會活出這些答案。
>
> ——Rilke（引自馮至，2004，頁14）

（一）未達之境

研究接近尾聲了，心裡沒有以往完成一份論文時的滿足，反而有點空落落的。受訪者們的生命故事，陸生的生活經驗，真正說出的很少，沒能說出的很多。浸泡了兩年的議題，剛看到一點微弱的光，還沒來得及認清那物是什麼，就要離開了。每份研究都需要一個終點，只是希望本文所提出的，並非陸生生活經驗的結論，而是新的對話的起點。

在此，必須指出以下三點，是在本研究過程中初見端倪，卻因各種原因未能納入本文分析的過程，希望有更多研究者深入討論。

首先，來台就讀大學部及博士的陸生經驗，與碩士學位生的經驗有著很大的差異。本研究中訪談到的兩位博士生，均在大陸的大學擔任教職工作，以停薪留職的方式自費到台灣進修。可能是源於大陸穩定的工作環境，以及三十而立的人生階段，兩位博士生的生活重心都傾注於大陸，來台就學有著明確的求學求知的目的，以

及盡早完成學業繼續工作的人生規劃。對於本文所提出的生活的斷裂，兩位博士生彷彿沒有過於強烈的生活不銜續之感。相對之下，在大陸已成家生子的博士生，就須面臨在大陸生活的缺席與不在。而來台就讀大學的陸生，由於年齡較小，接觸社會的經驗也較少，相信來台的經歷會有著更為不同的意義與影響。本研究並未涉及大學部陸生，無法對此加以評論。

其次，陸生生活世界中的「家」的存在。陸生來台就學，離開了原本熟悉的環境，與身邊的親朋好友，隻身在外的生活使得「家」以「不在」的形式成為內心的空洞。或許地理距離上的遠離可以通過電話、視訊，甚至是一張機票聊以慰藉，但在已經展開的，家人所不瞭解的台灣生活中，陸生以何種方式保有家的位置。更重要的是，面對家人所缺席的台灣的生活，陸生如何彌補由經驗差異所帶來的鴻溝；陸生如何應對家人想像出的台灣生活與自己的實際經歷之間的錯位。

最後，當陸生即將完成學業，如何重返離開兩年以上的大陸生活；在台灣生活過後的不一樣的陸生，回家意味著什麼。研究中訪談的10位大陸碩士生，現已完成學業的有5人，其中2人已通過台灣博班的申請，將繼續留在台灣求學。這樣或許意味著在台灣的生活將得以延續，但同時也將與大陸的生活相去更遠。陸生是無法在台灣生活工作終生的，總有一天會到來的回家的時刻，陸生要如何接續在大陸的生活，如何面對對台灣充斥各種幻想的親友，甚至更為長遠的，如何整合在台灣的時光，瞭解台灣在生命長河中的意義所在。

（二）相互探問

> 人們將因著與有著共同關心的其他人在一起，毗鄰而居，相
> 互交談。

　　研究的過程是痛苦的，痛苦不在於工作的繁重，而在身陷無
解，沒有依靠，也沒有期望。

　　我很幸運，這趟痛苦的研究之旅，有樂俊與文臻陪我一起走
過。那些動輒討論到凌晨的日子，那些拍桌流淚的激烈爭論，那些
找不到共識卻誰都不肯讓步的不歡而散，是在研究得以呈現的發現
之外，更為廣闊的無解。然而，無論怎樣爭吵，無論多少次不歡而
散，樂俊與文臻從沒放棄我的研究。他倆永遠是等著第一個閱讀我
的論文，一字一句地與我探討，給出意見的人。

　　最激烈的一次爭吵，是詮釋邰之在完成畢業論文的情況下，為
何選擇繼續留在台灣延畢半年的經驗。我認為邰之是從表面效率的
追求，到深層自我的追求的轉變，是經歷了兩年的在台生活邰之所
收穫的成長；而樂俊則堅持是邰之貫穿始終的對自我發展的期待與
要求。文臻看著我倆爭得面紅耳赤，試著拉出我們詮釋背後的更多
意義，找到共識，可我倆誰都聽不進去。

　　樂俊咬著後槽牙，從牙縫中一次次擠出同一句話，「他沒
變」。當時他的手死死地攥成拳頭，一頓一頓的捶著桌子，在午夜

過後的教學樓，沒有冷氣的悶熱的教室裡，那聲音格外沉重，一下下都敲到我心底。

我被樂俊一次次地強調「他沒變」氣哭了，抽噎著衝他喊到：「如果你說他沒變，你這一年就白來了。」我心理一遍遍提醒自己，詮釋現象學說我們要試著去理解，不要以自己的價值觀評判他人，可面對郜之和樂俊兩個人的人生，我就是沒辦法冷靜。我覺得樂俊用自己的經驗套用語料稿，一直強調陸生自身的追求與動力，是樂俊對台灣的意義的排斥。而樂俊說我強調前後的變化，是我對自己的要求，以及對研究有所發現的牽強附會。

又一次身陷無解，又一次不歡而散。那晚，我看著窗外一直哭到天亮。樂俊說得沒錯，我有著作為研究者的自私，想要從經驗中提取出顯著的差異，成就本書。但哭更多是因為不滿，當樂俊說郜之沒變時，就彷彿是在說我來台灣的這兩年沒有改變。我不能接受一個沒有成長的自己，我不想承認放棄了很多東西來到台灣的我，經過了兩年卻什麼都沒變。那對我而言是失敗。

自那次爭吵至今，兜兜轉轉又過去了一年。對郜之經驗的詮釋，我仍沒有一明確的答案。倒是對樂俊口中說的，不能接受沒有成長的我自己，有了更深刻的認識；對研究過程中，我是如何抱著我的視角去理解其他陸生的經驗，有了更清晰的覺察。

我們不斷詢問，不停交談，但最終得以理解與說出的，卻終歸只有自己。我不得不承認，越是走進10位受訪者的經驗敘說，越是發現自己對經驗的無知。在研究的結束，我僅僅給出了個人的簡易

判斷，而真正的陸生經驗，卻可能在我輕易地將其視為理所當然的漏墟之中。研究是一階段性的結束，但與驕傲的自我鬥爭，是永無止盡的課題。

　　通向經驗的路，沒有盡頭。

後記

在質性研究的課上，老師曾說，做質性研究是對現代人的折磨。的確，在這個一切都以光速飛跑，只以結果論成敗的社會裡，想沉下心來專注於一份研究，不斷打磨反覆，是需要逆流中的堅韌與勇氣的。我很自責，我深知自己沒能做好。無論找何種藉口，都無法掩蓋此書的倉促與膚淺。若有機會，我願不斷地重返，探索這些經驗背後無窮的美好。

首先感謝當時論文的兩位口委，畢恒達老師與姜麗娟老師。兩位的悉心指導讓我看到了研究中的許多不足，也指引我做出更多思考。請原諒我最終固執己見，未將受訪者的基本情況以表格的方式呈現，我實在不願看到一個個活生生的人，被有所選取地安放在條框中。但兩位老師指出的「沒有線條的表格」，我深深地記在心裡了。我的能力還沒能達到真正地擺脫表格而呈現個體，但請暫且允許我首先擺脫線條罷。

感謝游麗卿老師，帶我走進詮釋現象學的世界。我的生活從此有了光。只可惜，在這世界裡我僅是個新生的嬰兒，在我還未能站穩邁步前，就急於奔跑舞動了。無法在你的關照下繼續成長，無法

與你共舞出旋律了。但我會繼續努力，也定會一直努力下去。

　　感謝我的指導教授呂明蓁老師，不止是對論文的指導、人生的指導。還有美格魯家族的每個人，對我無盡的寬容與愛護。有人說一個人離開一個地方，就如同死過一次。我親歷了自己在台灣的死亡，也在這之中明白了活過的意義。你們，就是我的意義。

　　感謝本文的每位受訪者以及兩位協同研究者。本書中僅十分有限地呈現了每個人，但大家的故事我會深深地印在心底，不時地拿來翻閱。感謝你們，和我一同完成這本書。

　　感謝。

參考文獻

中文

王雋安（2014），港澳生與陸生來臺適應性之比較研究——以文化大學為例，中國文化大學中山與中國大陸研究所碩士論文。

王嘉州（2011），來臺陸生的政治態度與台灣主權接受程度，台灣政治學刊，15（2），頁67-113。

王嘉州（2012），來臺陸生統一態度變遷初探——政治社會化途徑與定群追蹤法之分析，台灣民主季刊，3（9），頁85-118。

古曉婷（2015），陸生與外籍生權益之比較——以中正大學陸籍交換生為例，南華大學國際事務與企業學系亞太研究所碩士論文。

余德慧（2001）。詮釋現象心理學。台北市：心靈工坊。

余德慧（2007）。現象學取徑的文化心理學：以「自我」為論述核心的省思。應用心理研究，34，頁45-73。

余德慧、呂俐安（1993）。敘說資料的意義：生命視框的完成與進行。載於楊國樞、余安邦（編），中國人的心理與行為——理

念及方法篇（一九九二）（441-475頁）。台北市：桂冠。

余德慧、徐臨嘉（1993）。詮釋中國人的悲怨。本土心理學研究，1，301-328。

余德慧、顧瑜君（2000）。父母眼中的離合處境與現代倫理意涵。應用心理研究，6，頁173-211。

吳錦惠（2013），建置陸生友善的就學環境與生活輔導機制，台灣教育評論月刊，2（1），頁44-48。

巫淑華（2013），大學國際化與國際生及大陸生的招收，台灣教育評論月刊，2（1），頁23-26。

李佩雯（2014）。我群與他群：兩岸學生社會認同差異之跨群體溝通研究。傳播研究與實踐，4（1），129-171。

李逸雲（2011）。大陸學生來臺就學動機、生活適應及對相關政策看法之研究。臺北市立教育大學社會學習領域教學研究所碩士論文。

李維倫（2004）。以置身所在做為心理學研究的目標現象及其相關之方法論。應用心理研究，22，頁157-200。

李維倫（譯）（2004）。現象學十四講（原作者：R. Sokolowski）。台北市：心靈工坊。

李維倫、賴憶嫻（2009）。現象學方法論：存在行動的投入。中華輔導與諮商學報，25，頁275-321。

周欣怡（2015），開放陸生來臺政策制定之過程與現況分析，台灣教育評論月刊，4（5），頁44-50。

姜志輝（譯）（2001）。知覺現象學（原作者：M. Merleau-Ponty）。北京：商務印書館。

洪漢鼎（譯）（1993）。真理與方法：哲學詮釋學的基本特徵（原作者：H.-G. Gadamer）。台北市：時報。

胡其鼎（譯）（2003）。體驗與詩：萊辛・歌德・諾瓦利斯・荷爾德林（原作者：W. Dilthey）。北京：三聯書店。

胡紹嘉（2012）。旅歷台灣，返想中國：一位來台陸生的跨文化敘事與認同重構。新聞學研究，111，頁43-87。

夏曉鵑（2002）。流離尋岸：資本國際化下的「外籍新娘」現象。台北市：唐山。

孫周興（譯）（1993）。走向語言之途（原作者：M. Heidegger）。台北市：時報文化。

徐遲（譯）（1982）。瓦爾登湖（原作者：H. D. Thoreau）。上海：譯文出版社。

柴靜（2013）。看見。香港：天地圖書。

高淑清（2001）。在美華人留學生太太的生活世界：詮釋與反思。本土心理學研究，16，頁225-285。

張彤、朱麗婷（2010），大陸學生赴臺學習障礙分析及解決思路，教育考試，1，頁63-67。

畢恒達（1990）。東西的意義與環境轉變。建築與城鄉研究學報，5（1），頁41-56。

畢恒達（1995）。生活經驗研究的反省：詮釋學的觀點。本土心理
　　學研究，4，頁224-259。

陳向明（2004）。旅居者和「外國人」──留美中學生跨文化人際
　　交往研究。教育科學出版社。

馮至（譯）（2004）。給青年詩人的信（原作者：R. M. Rilke）。
　　台北市：聯經。

楊淑涵（2011），我國高等教育學生對招收大陸學生來臺就學政策
　　之態度研究，銘傳大學教育研究所碩士論文。

葉麗莉（1996）。希世之聲：文學心理學的一種探索。載於余德
　　慧，詮釋現象心理學（217-266頁）。台北市：心靈工坊。

賴明珠（譯）（2009）。1Q84 II（原作者：村上春樹）。台北
　　市：時報。

藍振弘（2013），來臺陸生的國族想像與對臺觀感之研究，國立屏
　　東教育大學社會發展學研究所碩士論文。

羅國祥（譯）（2008）。可見的與不可見的（原作者：M. Merleau-
　　Ponty）。北京：商務印書館。

蘇黃亮（2011），開放陸生來臺就學政策之研究──以政策論證為
　　基礎，臺北市立教育大學教育行政與評鑑研究所碩士論文。

龔卓軍、王靜慧（譯）（2003）。空間詩學（原作者：G.
　　Bachelard）。台北市：張老師文化。

英文

Merriam, S. B.（2009）. *Qualitative research: A guide to design and implementation.* CA: Jossey-Bass.

Mishler, E, G.（1991）. *Research interviewing: context and narrative.* Cambridge, Mass.: Harvard University Press.

Shor, I., & Freire, P.（1987）. *A pedagogy for liberation: Dialogues on transforming education.* Greenwood Publishing Group.

Sokolowski, R.（2000）. *Introduction to phenomenology.* NY: Cambridge University Press.

Van Manen, M.（1990）. *Researching lived experience: Human science for an action sensitive pedagogy.* State Univ of New York.

Do觀點50　PF0183

斷尾的壁虎
──來台陸生的生命記事

作　　者／孫碧佳
責任編輯／徐佑驊
圖文排版／周妤靜
封面設計／王嵩賀

出版策劃／獨立作家
發 行 人／宋政坤
法律顧問／毛國樑　律師
製作發行／秀威資訊科技股份有限公司
　　　　　地址：114 台北市內湖區瑞光路76巷65號1樓
　　　　　電話：+886 2-2796-3638　傳真：+886 2-2796-1377
　　　　　服務信箱：service@showwe.com.tw
展售門市／國家書店【松江門市】
　　　　　地址：104 台北市中山區松江路209號1樓
　　　　　電話：+886-2-2518-0207　傳真：+886-2-2518-0778
網路訂購／秀威網路書店：https://store.showwe.tw
　　　　　國家網路書店：https://www.govbooks.com.tw

出版日期／2016年12月　BOD一版　定價／220元

|獨立|作家|
Independent Author

寫自己的故事，唱自己的歌

斷尾的壁虎：來台陸生的生命記事 / 孫碧佳著.
-- 一版. -- 臺北市：獨立作家, 2016.12
　面；　公分. -- (Do觀點；50)
BOD版
ISBN 978-986-93886-5-8(平裝)

1. 留學生　2. 兩岸交流　3. 留學教育　4. 臺灣

529.2733　　　　　　　　　　　105021833

國家圖書館出版品預行編目

讀者回函卡

感謝您購買本書，為提升服務品質，請填妥以下資料，將讀者回函卡直接寄
回或傳真本公司，收到您的寶貴意見後，我們會收藏記錄及檢討，謝謝！
如您需要了解本公司最新出版書目、購書優惠或企劃活動，歡迎您上網查詢
或下載相關資料：http:// www.showwe.com.tw

您購買的書名：_____

出生日期：_____年_____月_____日

學歷：□高中 (含) 以下　　□大專　　□研究所 (含) 以上

職業：□製造業　□金融業　□資訊業　□軍警　□傳播業　□自由業
　　　□服務業　□公務員　□教職　　□學生　□家管　　□其它____

購書地點：□網路書店　□實體書店　□書展　□郵購　□贈閱　□其他

您從何得知本書的消息？

　　□網路書店　□實體書店　□網路搜尋　□電子報　□書訊　□雜誌

　　□傳播媒體　□親友推薦　□網站推薦　□部落格　□其他_____

您對本書的評價：（請填代號　1.非常滿意　2.滿意　3.尚可　4.再改進）

　　封面設計____　版面編排____　內容____　文／譯筆____　價格____

讀完書後您覺得：

　　□很有收穫　□有收穫　□收穫不多　□沒收穫

對我們的建議：_____

_____

_____

_____

11466
台北市內湖區瑞光路 76 巷 65 號 1 樓

獨立作家讀者服務部　　　收

....

（請沿線對折寄回，謝謝！）

姓　　名：_____　年齡：_____　性別：□女　□男

郵遞區號：□□□□□

地　　址：_____

聯絡電話：(日) _____ (夜) _____

E-mail：_____